TOKOWAKA management

常若マネジメント

日本人の日本人による
日本人のための経営思想

北村真一

みらいPUBLISHING

はじめに

本書は、これから起業しようとしている人、現在、企業で経営企画に携わる人、管理職についている人、これから幹部職を目指す人を読者として想定しています。もちろん、起業してみたもののなかなか歯車が噛み合わない、チームをまとめるためのヒントが欲しい、という方にも手に取っていただけたら幸いです。

私は、弁護士として、年間数十件の倒産処理や事業承継に関わるとともに、中小企業コンサルタントとしてベンチャー起業の支援を多数行ってきました。取締役として、理事として、顧問として、経営に参画させていただいている企業、団体はこれまでに数十社あり、沈んでいく企業と伸びていく企業の違いについて、生々しい現実を目の当たりにしてきました。

私自身も28歳で起業し、経営者として、5年間日々経営課題と格闘しながら、現在、総勢13名の仲間と日夜新しい事業に挑戦させていただいています。法律事務所とは別に立ち上げた株式会社では、おひとり様向けの終活サポートサービス「finale：」を立ち上げ、2018年には大阪トップランナー育成事業に認定していただきました。

本書では、私が院生時代から研究してきたこと、また、その後実務で磨き上げてきたものなど、そこで得られた気づきを余すことなく詰め込みました。また、組織論の面では、長年にわたって青年会議所をはじめ、様々な非営利組織で理事として組織運営に携わらせていただいた中で得られた知見も多数織り込んでいます。

今、日本の経営指南本は、アメリカから輸入したマネジメント論を単に縦書きにしたものが大半です。ハーバードビジネスレビューを読んでいれば、半年後、一年後の本屋の棚に、どんな本が陳列されるかが容易に予想できてしまいます。もちろん、アメリカの経営学は言うまでもなく世界最先端です。しかし、文化も、風土も、社会情勢も異なるアメリカの理論が、いくら日本風にアレンジされていたとしても、日本でのビジネスにジャストフィットするとは限りません。

そこで、本書では、**日本古来の思想である「常若」の思想を補助線にして、組織論・マーケティング論・キャリア論を横断的に論じています。**

もちろん、これまでアメリカ中心の経営学が積み上げてきた様々な理論や知見も取り入れています。「常若」という思考の軸に、従来の経営学の知見を肉付けしていくイメージです。

常夏のハワイなら聞いたことがあるけれど、常若なんて聞いたことがない、という方がほとんどでしょう。しかし、もちろん、私の造語ではありません。

詳しい説明は後述しますが、**常若とは、伊勢神宮で20年ごとにお社《やしろ》を建て替える儀式「式年遷宮」の精神を言います。**

式年遷宮では、お社を新しくすることはもちろん、２０００種類近くの御装束や、５００点にも及ぶ御神宝や神具も古式そのままに、すべて新たに造り替えられます。

庶民の住宅でさえ優に50年はもつ時代に、たった20年でお社を建て替え続けることは、一見非効率に見えます。しかし、20年に一度建て替えられることで、世代間の技術やノウハウ、文化、しきたりの伝承を確実に行うことができるのです。

日本人が古来から現代にいたるまで大切にしてきた、〝生き永らえるための知恵〟こそが「常若」なのです。

21世紀はアジアの時代といわれて久しいですが、アジアはシルクロード文化の紐帯《ちゅうたい》であり、日本はその到達点です。私は、この**「常若」という日本古来の思想を軸にしてマネジメント論を組み立てることが、これからのアジアの時代における日本と日本人の在り方にとって欠かすことのできないもの**であると考えます。

なお、本書では多くの参考文献を掲げています。本棚を見せるのは人間性をさらけ出すようなもので恥ずかしくもありますが、先輩諸兄の本棚を覗き見することで読書遍歴を積み重ねてきた者としては、感謝の気持ちも込め、掲載させていただきました。

また、目まぐるしく変化する社会の中で、すぐに役立たなくなる情報を収集するよりも、長く生き残ってきた「知恵としての古典」を読むことの重要性はますます高まりつつあります。近い将来、古典となりうる本を読むことも軽視されるべきではありません。言うまでもなく、ビジネス書は、読書のための読書で終わらせては意味がありません。そのため、本書では、出来るだけわかりやすい例示を入れたり、本書で得た気づきを即実践につなげていただけるコーナー「実装のためのWORK」を設けました。

評論家の銅像は立ちません。

この言葉を常に自らに言い聞かせ、活用してください。

平成の時代は、グローバリゼーションが加速し、日本人であるというだけでは豊かな暮らしが保証されない時代の入り口でした。令和の時代は、今まで人間が行ってきた仕事はAIが代替するようになり、人間であるというだけでは簡単に価値を生み出せない時代になるでしょう。しかし、そんな大転換期だからこそ、我々日本人の原点ともいうべき「常若」の思想に立ち返ることで、人間として、日本人として、価値を生み出し続けるためのヒントが得られると確信しています。

変わらずに生き残るために、変わり続けましょう。

令和の始まりに。

常若マネジメント　目次

第3章

会社は一つの家族であり、ビジネスの中心は人である

第4章

自分の会社の〝今〟を俯瞰し、見える化する

第5章

マーケティングの未来と常若

第6章

境界線のない未来

第1章

古くて新しい奇跡「常若」

常若ってなに？

本書では、「常若」という言葉をキーワードにマネジメント論を展開していきます。大辞林によると、常若とは「いつも若々しいさま。いつまでも若いさま。」と記載されています。

読んで字のごとし。そのままですね。しかし、本書で取り上げる常若は、もっと深い意味があります。

日本古来の文化、式年遷宮

奈良県斑鳩《いかるが》の法隆寺は、およそ１４００年前に建てられ、聖徳太子が建立した世界最古の木造建築として広く知られています。対して日本古来の宗教である、神道の大本の伊勢神宮の内宮が築何年かご存知の方は少ないと思います。

実は、令和に元号が変わった時点で、築はたったの5年です。誤植ではありません。

どういうことかというと、伊勢神宮の内宮というのは、式年遷宮と言い、20年ごとに建て替えられます。正確には二箇所の宮地があり、交互に社殿を新たに建て、20年ごとに神様に移動していただきます。前回の式年遷宮は西暦2013(平成25)年の10月に行われたので、今の内宮は築5年ということになるのです。

しかし、この式年遷宮というシステムによって、我々は古来からの、まさに我々のご先祖様が参ってきたままの姿の伊勢神宮にお参りすることができるのです。

本書では、この、常に新しいものに建て替えながらそこに宿る精神を伝承していくという在り方=「常若」に着目し、組織やビジネスモデル、そして個人個人が持続可能な発展を遂げ続けるための勘所《かんどころ》をお話ししていきます。

生命の在り方に常若が見える

常若という在り方について、少しは理解していただけたかと思います。ここからは、さらに理解を深めていただくために、最近の生命論の中にも常若という在り方が見える、という話をします。

「生き物とは動的平衡である」

これは、生物学者の福岡伸一先生が著書『生物と無生物のあいだ』(講談社)で論じた言葉です。

実は、生命を形作っている細胞は、自ら新しい細胞と入れ替わるために壊れていくということを常に行っています。人間の場合、1年経てば、1年前に自分を形作っていた細胞は全く存在しなくなる、でも自分はここにいる……。

これが生命とは動的平衡だ、という意味です。

そして、この生命の在り方は、まさに「自らを壊し、建て替え続けながら本質的には変わらずに生き続ける」という点で、まさに常若という在り方と一致します。

事業も組織も、最終的にはそこに人がいて、人が作り、人が動かしていくものである以上、組織論・マネジメント論・キャリア論は、すべて生命論と整合的であるはずです。

常若という概念が、生命論としての動的平衡と交わっているということは、常若という在り方を思考の軸に据えてマネジメント論を考えるにあたって非常に心強いものです。

これは、ぜひ頭の片隅に入れておいてください。

「常若という在り方」とは……

常に新しく作り直し続ける中で、そこに宿る技術や作法、さらには精神性を伝承していく思想、在り方である。

常若の思想は、生命論における動的平衡という発想と近しく、文化論、組織論、人生論への応用可能性を秘めたものである。

建物は新しく、精神は古の時代から伝承
=
常若の在り方

第2章

〝ビジョナリーカンパニー〟の罠

起業の出発点は「ビジョンありき」ではない

近頃の教科書的なビジネス書には、「起業する際は、まず自分がその事業を行うことによってどんな世の中を作りたいのか、事業のビジョン（将来像）を描きましょう」と書かれていることがほとんどです。また、「このビジョンを実現するために、その事業で与えられたミッション（使命）は何かを整理しましょう」というところまでをセットにした、いわゆる〝ビジョン・ミッション系セミナー〟やワークショップも、いたるところで開催されています。

さらに、最近は名刺の裏に自社のビジョンやミッションを書いている企業や人も珍しくありませんし、事業プレゼンの最初に「この事業のビジョンは〇〇です」と説明が入るのは定番中の定番です。

しかし、私は、このビジョン信奉ともいうべき状態には非常に懐疑的です。

なぜなら、**中小ベンチャー企業にとって、ミッションやビジョンに比重を置きすぎることで、弊害がかなり出ているような気がしてならないからです**。

例えば、私の元に相談に来る起業志望者の半数以上が、自分の事業のビジョンや経営理念をうまく掲げられないことを悩んでいます。いろいろなセミナーに参加したり、先輩に相談すると、口をそろえてビジョンを持て、と言われるが、何も浮かばないという人がほとんどなのです。

また、ビジョンが定まらないからという理由だけでやりたい事業を始められないという人に出くわしたことも何度かあります。

でも、**冷静に考えてみてください。事業においてビジョンはどうしてもなくてはならないものでしょうか？**

そもそも、このビジョンや理念が大事と言われ始めたのは、アメリカのビジネスコンサルタント、ジム・コリンズの著書『ビジョナリー・カンパニー　時代を超える生存の原則』（日経BP社）が大ヒットしたあたりからと言われています。

この著書の中でコリンズは、「偉大な企業は、すべからく素晴らしいビジョンを掲げている。であるならば、偉大な企業を目指すすべての企業は、ビジョンを掲げなければならない」と明記しています。

これは、ある意味では非常にわかりやすいメッセージで、説得力があり、猫も杓子《しゃくし》もビジョンを掲げようという風潮になるのもうなずけます。

しかし、本来コリンズが言いたかったのは、「**偉大な実績をあげている企業がその偉大さを永続するにはどうするべきか？」という方法であって、中小ベンチャー企業を「偉大な企業に飛躍させる方法」ではない**のです。このことは、コリンズ自身が続編『ビジョナリー・カンパニー2　飛躍の法則』（日経BP社）で書き記しています。

そして、どうすれば偉大な企業を作れるのかをテーマにしたこの続編においては、このビジョンの位置付けについて、「今回の調査をはじめたとき、良好な企業を偉大な企業に飛躍させるためには、まず新しいビジョン、戦略を策定し、つぎに新しい方向に向けて人々を結集するのだろうと我々は予想していた。しかし、調査の結果はまったくの逆であった。偉大な企業への飛躍をもたらした経営者は、はじめにバスの目的地を決め、つぎに目的地までの旅をともにする人々をバスに乗せる方法をとったわけではない。はじめに適切な人をバスに乗せ、不適切な人をバスから降ろし、その後にどこに向かうべきかを決めている」と述べ、**ビジョンありきの起業が成功への必要条件ではない**ことを率直に認めています。

また、我が国の成功した経営者の軌跡を見ても、創業時から崇高なビジョンを掲げてそれに向けて一直線に進んでいったという事例はほとんどありません（全くないとは言いませんが、当社は一貫したビジョンでやっています、という会社のビジョンをよく見ると、事業の将来像としてのビジョンと言えるのか？　と疑問符がつく会社が多々あります）。

それを証拠に、ソフトバンクグループを率いる孫正義氏ですら、創業時から情報通信革命を起こそうとしていたわけではありません。パナソニックを一代で築き上げた松下幸之助氏の有名な経営哲学、水道哲学（大量生産することで物価を下げ、消費者に手軽に製品が行き渡るようにする）も、唱えられるようになったのは創業15年ほどしてからです。

本田技研工業の創業者、本田宗一郎氏がオートバイ研究を始めたのは、妻の自転車にエンジンをつけたら買い出しが楽になる、と普段の生活からの思いつきがきっかけですし、海外に目を向ければ、YouTubeは、はじめはムービーをアップできるデートマッチングサイト、共同購入クーポンサイトのグルーポンは、もとは集団署名集めのためのサイトでした。

このように、**崇高なビジョンなどなくても、事業を始めて良いのです。なぜなら、本来、商売とは、自分や家族、仲間が食べていくために始めるものなのですから。**

ビジョンは〝作るもの〟ではなく〝降ってくる〟もの

私はビジョン信奉には懐疑的ですが、とはいえ、マネジメントにおいてビジョンやミッションの策定に意味がないと言っているわけではありません。

ビジョンやミッションの意義は、目的意識の共有にあります。

組織が大きくなり、スタッフが増え、債権者や株主といった利害関係者がどんどん増えていったとき、企業はコミュニケーションを円滑にするために、大きな方向性を共有しておく必要があります。このようなとき、ビジョンやミッションが必要になってくるのです。経営者や企業がこれまでの歩みから紡いできた構想や未来像があれば、この先の進むべき道を指し示すことができます。

また、顧客に対してのブランディング効果としても、ビジョンを掲げることは、顧客に企業と同じ物語に参加してもらうという絶大な効果があります（この、物語参加型マーケティングについては、114ページで後述します）。

ここで言えることは、**これまでの歩みから紡ぎ出されてきたビジョンこそ魂のこもったビジョンであり、真に世に問うべきものだ、**ということです。そして、それは机の上でうなっていても出来上がるものではありません。真のビジョンは作り出すものではなく、降りてくるもの、と言って良いでしょう。

ビジョンも常若たれ！

ビジョンは一度定めたらブレるな、とよく言われます。ミッションも、達成できるまでは徹底的に追い求めるべき、と考えるのが一般的です。

しかし、私は、**ビジョンもミッションも違和感を覚えたら徹底的に考え抜き、仲間と**

議論して、変えるべきときはどんどん変えればいいと考えています。

むしろビジョンを打ち立てたときから、既に次のビジョンの構築への営みが進行しているという心構えが必要だと思っています。

時代の流れというのは、人、物、金の流れのスピードで決まり、それを支えるのは技術の進歩です。現代は地球の裏側と一瞬で繋がり、頼んだ荷物が当日には届く時代です。もはや20年先も変えずにいられるビジョンやミッションなど存在しないといってもいいでしょう。

練りに練ったビジョンも次の建て替えに向けてまた練り続けなければなりません。

常に事業を振り返り、これまで行ってきたことはビジョンに向かっているかを省《かえり》みながら、今のビジョンがこの先も生きたビジョンであり続けられるのかを問い続ける……。これぞまさしく「常若の精神」です。目をつぶってはいけません。建て替え続けることで生き残ることができるのです。どんなすごい起業家も、神様ではありません。初めから崇高なビジョンなんて立てられなくて当たり前です。

がむしゃらに試行錯誤し、少しうまくいっては失敗して、を繰り返す。三歩進んで二歩下がりながら進んでいくしかないのです。

その過程の中で、自然と培われていく自分たちの精神性というのがきっとあるはずです。ビジョンやミッションを作り替え続けながら、その大切にしたい精神を伝承していく。それが常若の在り方であり、私が提案したいビジネスモデルです。

目指すべきものの前に、守るべきものは何かを見つめてみましょう。あなたの事業の価値の源泉は、そこにあるかもしれません。

実装のためのWORK

自分の事業やこれまでの仕事を振り返り、大切にしている精神、その精神の発露としての時間、空間を思い描いてみましょう。

(例：あなたが整骨院の院長の場合)

患者が身体の痛みはもちろん、心の痛みも相談できるような雰囲気づくりを大切にしてきた。心身両方の痛みに寄り添ってあげられたとき、充実感を覚える……など。

第3章

会社は
一つの家族であり、
ビジネスの中心は
人である

何をするか、どこで働くか、よりも重要な「誰と働くか」

24ページでも述べましたが、事業の立ち上げ期（スタートアップ）においては「はじめにバスの目的地を決め、つぎに目的地までの旅をともにする人々をバスに乗せる方法をとったわけではない」ということをまず再確認しておく必要があります。

どんな卓越した事業計画があろうとも、それを実現するスタッフに実力がなければ事業はうまく回りません。逆に、スタッフに実力があれば、事業計画がそこそこのものでも普通に儲かります。世の中に生き残っている企業がみんな凄いビジネスモデルをもっているわけではないのです。

これからの時代、環境の変化はどんどん早くなりますが、人はそんなに早く変わることはできません。だからこそ、誰と働くか？　が、どんな仕事をするかより重要になってくるのです。

そうは言っても、中小企業、特にスタートアップやベンチャー企業においては、一緒に働いてくれる人を探すだけでも大変です。さらにそこから厳選したスタッフをふるいにかけるのは至難の業ともいえるでしょう。

そのためには、当たり前のようですが、まずは自分と家族で頑張ることが大切です。

そして仕事が増えてきたら仲間を増やしていきましょう。もちろん、行動が後手後手に回らないようにすることも大切です（成長できない事業はたいていここで躓《つまず》きます）。

よくある例が、もう少し売り上げが上がって余裕が出たら仲間を増やそう、もう少し軌道に乗ったら募集をかけよう、そう思っているうちにどんどんチャンスを逃していくパターンです。

そもそも仲間を増やさずに「もう少し売り上げを上げたり」「軌道に乗せたり」することができるなら、本来は一人で回せる仕事量のはずです。

実際に大きな仕事が来て、一人で回せなくなってから仲間を増やしても、いい人材はそう簡単には見つかりません。しかし、たいていは手が回らないために妥協して採用してしまう。すると、良い人材は来ず、業績は上がらない……。失敗する起業の典型例です。

そうならないためにも、まずはあなたの周りで一緒に働きたい人をリストアップしましょう。そしてその人達と共に働けるタイミングがあれば、少しくらい無理をしてでも事業に参加してもらうことが大切です。

ここで故事を一つ。

その昔、石田三成は、浪人だった島左近に、自身の俸禄《ほうろく》の半分である2万石を与えるので、自分の家臣になってほしいと言います。浪人とはいえ、その名が広く知られていた左近の元には、2万石以上でも召抱えたいという大名家はたくさんありました。しかし、左近は自身の俸禄の半分を与えてまで自分を必要としてくれる三成の想いに打たれ、仕官を決めたといいます。左近は、のちに「三成に　過ぎたるものが二つあり　島の左近と　佐和山の城」とうたわれるほど活躍しました。豊臣秀吉の一官僚に過ぎなかった石田三成を、武勇と軍略の才に長けた島左近は、天下分け目の合戦「関ヶ原の戦い」で、徳川家康と対等に対峙できるほどの実力にまで引き上げたのです。

もちろん、全く根拠もないのに人集めをすればいい、ということではありません。事業の成長を見据えながら、常に先回りして良い人材を確保することが大事なのです。

ただ一つ、押さえておいていただきたいことがあります。それは、事業を生み育て、建て替えながら事業を続けていくということは、そこにある目に見えない精神性を守っていくことだ、ということです。

常若という在り方の根源は結局のところ、そこで働く〝人〟であるということです。なぜなら、精神性は人に宿るものだからです。

かの戦国最強武将、武田信玄は「人は城、人は石垣、人は堀、情けは味方、仇は敵なり」の名言を残しています。

すべての経営者が胸に刻んでおくべき言葉でしょう。

切磋琢磨できる組織の最適規模は50人がベスト？

私自身は、起業後どんどん仲間を増やしていき、すぐに事務所が狭くなり、広い場所に移転したため、周囲からは、組織拡大論者だと思われていました。しかし、実は全く違います。

企業の存在意義を原始モデル的に考えてみると、「組織化による取引費用の削減」という側面と「チーム化によるブースター効果」があるといえるでしょう。

まず、組織化による取引費用の削減という側面について見ていきます。

例えば、あなたの会社に法務部があるとします。法務部はあなたの会社に関わる法務関係全般を扱っています。契約書の作成、就業規則の改訂、債権回収、特許申請など、多数の仕事があります。これをすべて外注するとなるとどうなるでしょう。それぞれの仕事を法律事務所、社会保険労務士事務所、特許事務所などに外注していくこともできなくはないですが、外注コストは法務部を維持していく何倍もの負担となるでしょう。

最初から法務部のある会社というのは、基本的にはありません。それまでスポット的に外注で処理していたものの、こんなに年間コストがかかるなら、法務担当社員を雇おうということで法務部ができることがほとんどです。

年間コストとは、お金だけではありません、コミュニケーション費用も考えなければいけません。自社の一部門であればやり取りは簡便に行えますが、外注となると打ち合わせ、値段交渉、納期管理、と数値化されないコストがかさみます。

つまり、目に見えるコストと目に見えないコストの総和としての外注コストを削減するために、内製化するわけです。

外注のままにしておくか、組織を大きくして組織内でその業務を行うのか、両者のコストを天秤にかけることで、組織の大きさはどれくらいが適切か、が分かってくるでしょう。ただし、今はメールやチャット、スマートフォンで簡単にコミュニケーションがとれます。つまり、他部署に仕事を頼むのと、外注先の担当者に仕事を依頼するコストの差がほとんどなくなってきています。そうすると、今度は一度内製化して、自社社員として雇用した場合の組織改編コストの方が大きくなってくる場合もあるでしょう。技術の進歩によるコミュニケーションコストを含む取引費用の逓減《ていげん》によって、最適な組織規模というのはどんどん小さくなっていくことは間違いないといえます。

次に、チーム化によるブースター効果について見ていきます。

前述したように、ＩＴ化などのコミュニケーション手段の進化によって、外部組織との間のコミュニケーションコストがほぼゼロになり、個人として働こうが、チームとして働こうが、効率性の面で全く同じになったとすれば、チームの存在価値はなくなるのでしょうか？　そうでないことは、良いチームで働いた経験のある方であれば直感的に理解できると思います。チームで働くことによって、その中にいる一人ひとりは成長し、1＋1が3にも4にもなり、成果は達成しやすくなります。

どんなすごい人材も、はじめからトッププレイヤーだったわけではありません、ダイヤの原石は、同じくダイヤの原石で磨くことで輝きを増しますが、人も人と関わり、切磋琢磨することで輝きます。

Google社はプロジェクト・アリストテレス（生産性向上計画）として、チームが最高の生産性を上げるためには何が必要かを研究し、その結果としてチーム内の心理的安全性が重要だと結論づけました。これは、非常に興味深い研究なので、マネジメント層の方はぜひエリック・シュミットの『ハウ・グーグル・ワークス』（日本経済新聞出版社）を読んでみてください。

心理的安全性とは、つまり「自分はこのチームの一員として周囲から働くに値する人間だと認められている。その自尊心を持ち、安心して働く。このことが大事だ」ということです。

みんなが自分のことをいらないと思っているんじゃないか？　と思い始めたら、バリバリ働くのは困難でしょう。これを外注連合グループと組織化されたチームで考えると、チームワークによって生産性が高まりやすいのは、やはり組織化されたチームだということがわかるはずです（「全体は部分の総和に勝る」は、古代ギリシアの哲学者、

人脈の雪だるまはどんどん大きくしよう

アリストテレスの名言ですが、この言葉は現代においても生きています）。

組織の最適規模を考えるときは、チームワークを発揮するのに最適規模がどれくらいか？　を考える必要があり、それは互いに思いやりながら切磋琢磨できる規模感ということになるでしょう。個人的には、50人までがせいぜいで、100人では少し多いのではないかと思っています。

ただし、今述べた話は、どちらも「あくまでも組織をどこまで拡大するべきかについて」であって、仲間づくりの話ではありません。

事業における仲間づくりというのは、雪だるま式にどんどん拡大していくのが理想です。この雪だるま式というのが仲間づくりのポイントで、まずは、自社内やその家族を固めて芯をつくります。その周りに社外の一緒に仕事をする人たち、仕事を紹介してくれる人たちをつくる。そして人脈の雪だるまを大きくし、さらにそのまた家族、友人、知人……とどんどん転がしながら雪だるまを大きくしていきます。

もちろん、雪だるまが永遠に大きくなるということはありません。3歳の幼児がつくる雪だるまと、小学校6年生の子どもがつくる雪だるまの大きさが全然違うのと同じです。あなた自身の器の大きさ、そしてあなたを支えてくれる周りの人達の成長度合いに比例して、雪だるまの大きさの限界は変わってきます。

山より大きな猪は出ません。ですから安心してどんどん雪だるまを大きくしていってください。

イオングループの事実上の創業者、小嶋千鶴子氏は、こんな言葉を遺しています。

「働く人が変わっていくことにより、店が変わり、お客様までが変わる。つまり一人ひとりが自分自身を変えることで、組織が変わり、会社が変わる。自分達の会社を今後どうしていくかということは、自分自身をどうしていくかということと全く同一のことである」

常若の精神で変わり続けることが、雪だるまを転がし続け、生き残っていくことにつながる、と私は考えています。

復活しつつある昭和的家族主義経営

組織が取引コストの最小化の意識をもちながら、チームワークによるブースター効果を出すためには、構成員である個々のメンバーが心理的安全性を感じることが大事だと書きました。ここは重要なところなので、もう少し詳しく説明します。

実は、仲間づくりが苦手な経営者はとても多いのです。それがネックになって会社が成長できないという悩みを抱えている場合も珍しくありません。

「採用しても採用してもスタッフが辞めていく」「募集してもいい人材がこない」「職場全体が会社の成長にコミットしてくれない」……。こういう悩みを抱えている経営者に対して、私は「あなたはスタッフのことを家族だと思って接していますか？」と問いかけることにしています。

このご時世に家族主義？　と思われる方もいるでしょう。

一昔前までは、家族主義による経営というのは、年功序列、終身雇用と並んで悪しき日本的経営の象徴のように叩かれていました。ところが、ここにきて組織における家族的絆の重要性は急速に見直されつつあります。

長寿企業の多くは、実力主義よりも家族主義を採用しているという調査結果もあります。私も、**組織運営において、昭和的家族主義を非常に大切にすべき**と考えています。

なぜなら、チームワークによる個々人の成長による組織の成長ということを考えたとき、個々人が心理的安全性を最高に高めることができ、チームのために献身的に努力できる組織の典型例こそが昭和的家族主義だからです。

では、昭和的家族主義をとるとは具体的にどうすればいいのでしょうか。

まず、**変わるべきは経営者**です。

経営者は自分自身に対して、さまざまな判断が必要な場面で、自社のスタッフが自分の子どもだとしたら自分は親としてどう対応すべきだろうか？　と常に自分に問わなければいけません。

もちろん経営者として、すべての判断を家族にするようにできないのは当然ですが、極限までゼロに近づけていく努力をすることが成功への近道です。

急がば回れ、狭き門より入れ、ですね。

よく、スタッフの教育に関して、褒めて育てるべきか叱って育てるべきか、と論争が起きますが、これはナンセンスです。褒めるべきところは褒め、叱るべきところは叱るしかありません。

昨今、組織形態としてのティール組織論をはじめとして、従来型のピラミッド型組織の脱却を目指す流れが起きていますが、どんな組織形態をとろうとも〝やり方〟に拘泥《こうでい》すれば必ず失敗します。**大切なのはやり方ではありません。〝在り方〟**です。

従業員に対し、あなたが親として真に子どもの成長を願って叱っているのか、それとも単に使用者として自分の経済的利益や感情の発露として叱っているのか。受けとめる側には簡単に伝わります。

家族主義を重視すれば、場面によっては一時的にスタッフ間の公平性を欠く対応となることもあるでしょう。

仮に、有休を使いきってしまったスタッフが、新婚旅行に行きたいから休みたいと申し出た場合、あなたならどうしますか？　答えは簡単です。当然、追加で有給休暇を出すべきです。

家族に置き換えれば、長女と長男、どちらにも夢を叶えてあげるために、教育費を均等にするなんてことはできません。例えば長女にはバイオリンを習わせたけれど、長男には習い事をさせるのではなく、キャッチボールの相手をよくした、という場合の公平性など、測ろうとすること自体が無意味です。

家族主義の反対はビジネスライクでしょうか。ビジネスライクの真髄《しんずい》は、すべてを金銭評価に置き換えることです。家族主義は、これに断固として抵抗しなければいけません。

あなたを支えてくれる大切な人達へ、感謝の気持ちを常に伝えてください。給料払っているんだからいいだろうというのは「毎月生活費を稼いでいるのは誰だと思ってるんだ」と息巻くダメ亭主です。それでは家族（スタッフ）はついてきません。

もし、あなたがスタッフとの関係性をビジネスライクなものに留めておきたいと思うなら、それは要するに「最小の費用で最大の労働力を提供して欲しい」と願っていることと同じです。しかし、これをした場合、あなたの願いに対してスタッフ達の思いはどうなるでしょうか。あなたの気持ちとは逆で「最小の労働力の提供で、最大の報酬を得るにはどうすればいいか」を模索するようになるはずです。

そこに心理的安全性はありません。そこに働くことの喜びもないでしょう。企業の中でともに働くという営みを、労働力と賃金の交換取引にしてはいけません。チーム全員が価値をつくり出し、それをチーム全員が喜びとともに分かち合う営みでなければならないのです。

そして、この最高のチームとなるための家族主義を取り入れるにあたっては、時間軸も考慮しなくてはいけません。事業は1年、2年で終わるわけではありません。「5年、10年と継続して発展していくことを見越した体制づくり」という視点からすれば、組織のサイズもその時点の最適サイズだけを考えるのではなく、5年、10年後を見据えた組織づくりが必要です。

例えば、家事の一切を担っていた妻が、一念発起して看護学校に通い出すということがあるかもしれません。しかし、それで崩壊するような家族ではいけません。

これは、企業においても全く同じで、スタッフが病気で長期休養を取ったり、産休や育休に入ってもきちんと回る体制づくりが大切です。また、自己成長のために大学院に行く、副業する、など、スタッフが様々なチャレンジを申し出たときも、快く送り出せる環境整備は、変わり続けながら生き残っていく組織、「常若の組織づくり」にとって生命線となります。

自社のスタッフを家族と思う。それなら自分にもできると思った方もいるかもしれません。しかし、残念ながらそれだけでは不十分です。

経営者の器は、自社の組織を超えて、自社を外側から支えてくれる親族、友人、知人、取引先、関係者をどこまで広く家族として抱き込めるかによって試されます。

話を伊勢神宮の式年遷宮に戻します。

20年ごとの遷宮をするためには、新しい宮を建てるのに使う木材が必要です。この木材は、実は遷宮の8年前に長野県の木曽谷から切り出しています。

切り出してから8年もの歳月をかけ、遷宮完了に至るまで、数えきれないほどの職人、業者、寄進者が遷宮実現に向けて支援の輪を広げていきます。奉賛寄付額だけでも2013（平成25）年は500億円を超えています。

それだけの時間、それだけの人達の応援があってこそ、式年遷宮という神事は1300年以上守り抜かれています。

そしてこれだけの応援があるのは、携わる人達がみな式年遷宮を自分ごととして捉え、ビジネスライクではなく、その物語に参加したいと望んでいるからです。

式年遷宮も、あなたの事業も、それを常若の精神で守り、育てていくのであれば、違いはありません。

あなたの事業をたくさんの人達に応援してもらうためには一体どうすればいいのでしょう。それは、少しずつ少しずつ、家族の輪を広げていくことです。まずはスタッフの親族と仲良くなりましょう。そしてあなたに仕事をくれる人達、あなたの仕事を手伝ってくれる人達……と、あなたの周りから順番に、家族主義の輪を広げていくことが大切です。

実装のためのWORK

あなたの周りで、共に働きたい人リストを作成してみましょう。

あなたの組織は個人が成長し続けるために最適な規模か検証してみましょう。

あなたと仲間の関係は、人と人との関係性を築けているかを振り返ってみましょう。

人と人との関係性を築くために、何かを始めるとしたら何ができるかを3つ考えましょう。

第4章

自分の会社の
"今"を俯瞰し、
見える化する

第3章までは、主に企業の内部マネジメントの領域について「常若」という視点から論じてきました。ここからは、対外向けマーケティングについて「常若という在り方」からの視点で見ていきます。

ビジネスの仕組みが一目瞭然に分かる「ビジネスモデルキャンバス」

対外的なマーケティングにおいて、まず、大切なことは、自分の事業のビジネスモデルを「可視化する」ということです。

頭の中でわかっていることと、それを可視化し、整理して関係者でシェアすることは全く違います。そして、これは、経営者の中でも「分かっているつもりでできていないこと」の代表選手です。

誰もがスティーブ・ジョブズのような天才的マーケッターになれるわけではありませんが、成功する起業家がみな、天才的マーケッターというわけでもありません。

現状のビジネスモデルを冷静に可視化し、将来のビジネスモデルを熱く描き出し、その間のステップを淡々と埋めていけば、成功の可能性は高まります。

では、ビジネスモデルを可視化するためには具体的にどうすればよいのでしょうか。

有名な「SWOT分析」（事業を外部環境と経営資源の観点から整理）や「3C分析」（事業を顧客・競合・自社の体制の3つの視点から整理）をはじめ、「コア・コンピタンス分析」（事業運営の中核となる強みを分析）や「プロダクトライフサイクル分析」（商品の市場浸透段階別に整理）など、分析方法は数え切れないほどあります。その中で、どの手法が優れているのか？　というのはあまり意味のない問いです。

分析の目的は何か？　という視点から最も適した手法を選ぶ方が肝要です。

ここでは、まずビジネスモデルの全体像を可視化するために「ビジネスモデルキャンバス」という分析手法を用いることにしましょう。

ビジネスモデルキャンバスは、ビジネスモデルを次ページに示すように9つの要素に分解して図示するもので、誰をターゲットとし、どのような商品やサービスを提供し、それらをどのように提供するのかを明確にするビジネスツールです。

1．提供価値

まずは、あなたが顧客に対して事業を通じて提供している価値は何か、という点をはっきりさせるところから始めましょう。

あなたの提供する商品やサービスによって、顧客はどんな恩恵を受けられるでしょう

ビジネスモデルキャンバス

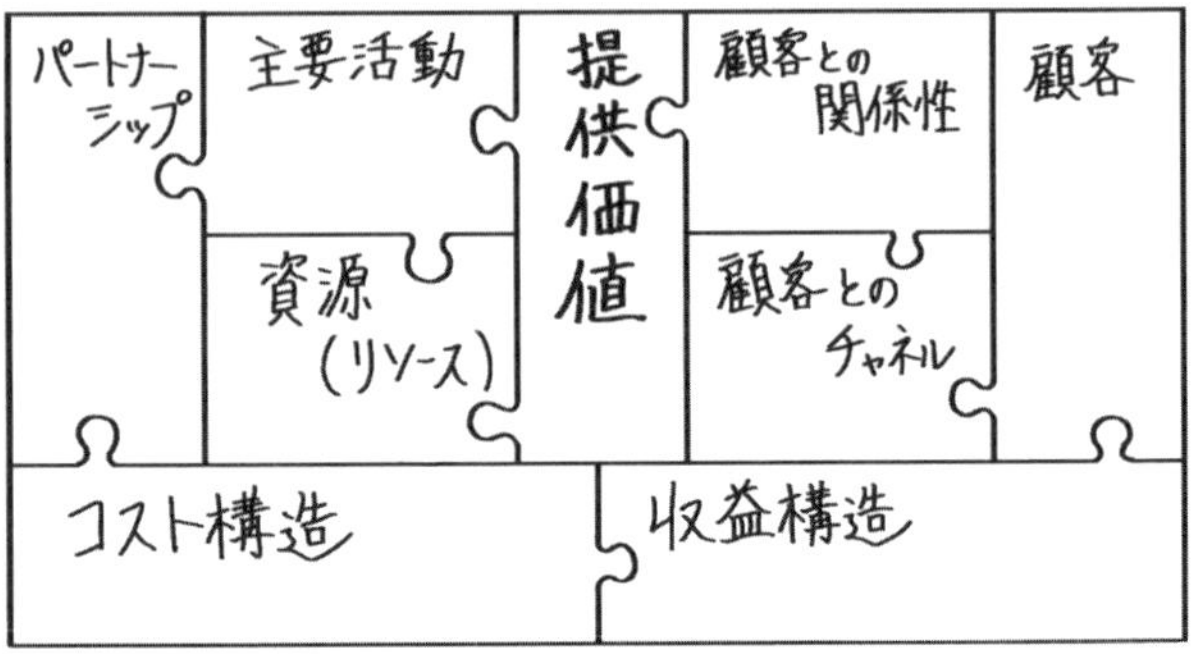

参考文献「ビジネスモデル・ジェネレーション」（翔泳社）

か？　例えばあなたがコーヒーのおいしい喫茶店を経営しているとして、あなたの提供している価値はおいしいコーヒーが飲めることでしょうか。実際は、「おいしいコーヒーを飲みながらゆっくりした時間を過ごすことのできる空間」かもしれません。

　また、あなたが駅前の洋菓子店を経営しているとしたら、あなたの提供している価値はおいしいケーキではなく、訪問先で喜んでもらえる手土産かもしれません（これは、同じことのようで意味が全く違います）。

　実は、この事業の提供価値をあぶり出すいい方法があります。

　その方法とは「この事業のライバルは何かを考える」ということです。

　例えば、あなたの経営する喫茶店のライバルが缶コーヒーだとします。その場合、あなたが提供している価値はまさに「コーヒーそのもの」でしょう。しかし、あなたの店の常連客が、あなたの店が閉まっているときにその時間とお金を使って代わりにネットカフェに行くのなら、あなたの喫茶店が提供していた価値はコーヒーではなく「静かにゆっくりと本を読めること」かもしれません。

駅前の洋菓子店の場合なら、ライバルは近隣の和菓子店ではなく、その近くにできた、手土産にも喜ばれる野菜ジュースの店かもしれません。

何が言いたいかというと、**自らの提供している価値が何かを適切に把握できないと、ときに致命傷になることもある、**ということです。

音質を高めることに必死になっていたウォークマンなどの携帯型音楽プレーヤー市場は、iPod が搭載された電話、つまり iPhone の登場によって一瞬で葬り去られました。裏を返せば、自らの提供する価値が何かをしっかりと見極められていれば、そのために変えるべきものは何もかも変えられる強さが出てきます。

前述の洋菓子店なら、自分の店の提供価値が手土産として喜んでもらうことだと気づければ、今まで6個セットからしか買えなかったプチシュークリームも、「1個単位で買えるようにする」「食べやすいようにピックを刺す」「話題が弾むような地場食材を使う」など、手土産として喜んでもらうためにはどうしたらいいか？　という視点で商品設計を進化させていくことができます。

また、提供価値をしっかり定義させていれば、やってはいけない改革を止めることもできます。

現状を打破するための積極策が裏目にでるパターンというのは、結局のところ、この**「提供価値から出発できていないマーケティング」が原因**であることがほとんどと言っても良いでしょう。

そして、この提供価値というのは、非常に深い概念で「各商品ごとの提供価値」「各店舗ごとの提供価値」「各事業部ごとの提供価値」「各企業ごとの提供価値」と、それぞれのレベルで設定することができます。階層が上がるにつれ、同じ内容が抽象化されていくのが理想ですが、そうなっていない企業が多いのが現実です。

自社の提供すべき価値は何かを常に見つめる。そして、それを中心にビジネスモデルを組み立てていき、その価値を守り、高めていくためにビジネスモデルを進化させ続ける。それが、常若のマーケティングです。

この事業の提供価値は何か？　は、常に立ち返るべき原点です。ですから、マーケティング上の判断で迷いが生じたときは、すべてここに立ち返ってください。必ず答えが見えてくるはずです。

とはいえ、この提供価値の探索というのは、かなり奥の深い作業です。というのも、提供価値を定めるときに、どの程度まで掘り下げるか、言い換えると「どの程度まで抽象化するか」というのは、正解のない作業だからです。

例えば、携帯電話の提供価値はどう捉えるべきでしょうか（ここでは単純化のためにスマートフォンではなく、ガラケーを想定してください）。

まず「携帯電話は他者と会話をする手段」と捉えると、電車やバス、自家用車やタクシーなどの移動手段が、会いに行って話をするという競合になるでしょう。また、携帯電話を他者とコミュニケーションをとる手段と捉えれば、メールや郵便、掲示板などが競合になります。

携帯電話を「ビジネスとしての側面ではなく、余暇に時間をつぶす手段」と捉えれば、テレビやレジャーなども競合になるかもしれません。さらに携帯電話を「他者からの承認欲求を満たす手段」と考えれば、サークル活動やSNSなどのコミュニティ形成行為全般が競合になるかもしれません。

このように、**自社サービス・商品の競合が何かを考える思考実験は、突き詰めていけば人間の欲求レベルでの競合を考えることに辿り着きます。**

人間が持つ内面的欲求を五段階に体系化した『マズローの5段階欲求』は、ビジネスにかかわる人なら一度は耳にしたことがあると思いますが、人間はまず、食欲や睡眠欲などの生存欲求を満たし、その後、社会からの自己承認欲求を満たそうとします。すると、自己承認欲求を満たすために使える予算というのは、必然的に限られたものになり

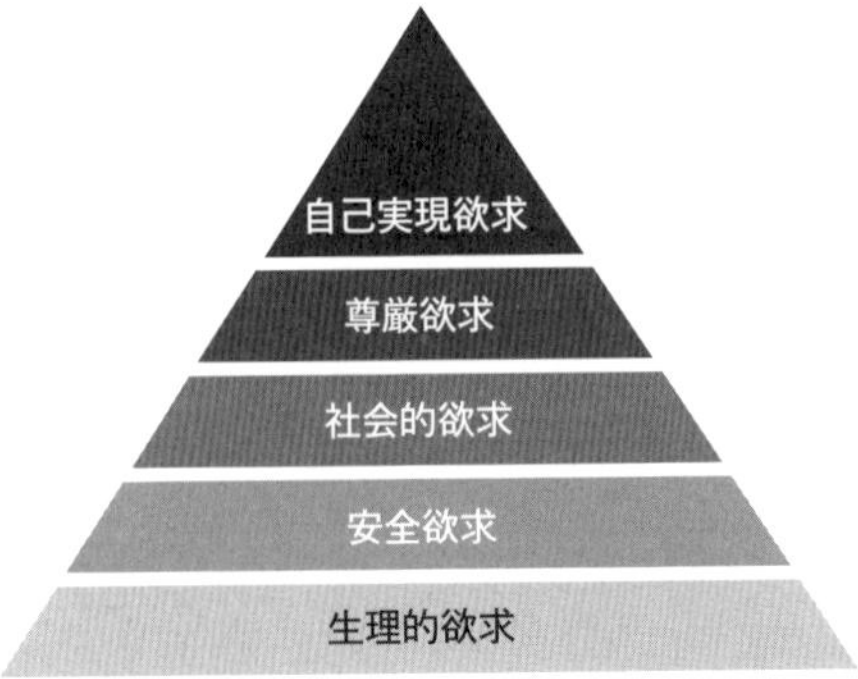

ます。そのため、自己承認欲求を満たすためのツールという観点でのライバルとして、他にどんなものがあるのかを検討することが非常に重要です。

自社の製品・サービスの競合は何かなど、隣に並んでいる商品だけに目を向けるのではなく、他のジャンルで同じ効果のあるものや同じ欲求レベルを満たすものにまで視野を広げて分析してみると、自社製品・サービスへの理解度が急速に高まるでしょう。

実装のためのWORK

あなたのビジネスが顧客に提供する価値とは？

商品・サービス・事業・会社と、段階別に抽象化して考えてみましょう。

column

提供価値の転換が新たな事業を生み出す

本文では顧客への提供価値を高め、守り続けるために、ビジネスモデルをどんどん進化させましょうという話をしました。しかし、時として、提供価値自体を変化させねばならないこともあります。

提供価値そのものを変化させることは、式年遷宮に例えるならば、別の神殿を建てることと等しく、新たに創業するくらいの覚悟が必要です。

富士フイルムという会社は、言わずと知れた大手フィルムカメラメーカーでした。しかし、デジタルカメラの登場により、凋落するフィルムカメラ市場から手を引いて、それまでに培ってきた微粒子制御技術をコラーゲン制御技術に生かし、化粧品業界に参入。今や総合ヘルスケアメーカーを目指す企業になりました。

これは、提供価値を「最高品質の写真の提供」にこだわらなかったことの勝利だと思います。**時代に応じて事業の提供価値を転換しなくてはならない場合がある、ということは、マーケッターが常に頭の隅においておかなければいけない戒めでしょう。**そして、事業の提供価値の展開を行うときは、まさにその企業の経営資源＝ストロングポイントがどこにあるのかがキーになります。自社のコア・コンピタンス（中核的価値）がどこなのかを探らなければならないのです。

余談ですが、富士フイルムとは対照的に、世界屈指のフィルムメーカーだったコダックは、カメラのデジタル化の影響をもろに受けて破綻しました。コダックの破綻に至る過程については、典型的なイノベーションのジレンマの例として語り継がれています。

コダック内部には、破壊的な技術であるデジタルカメラについて、危機感を抱く者が多数いたものの、デジタルカメラのマーケット開発に力を注ぐことは、自社のフィルムの売り上げを落とすことにつながってしまうため、開発にブレーキがかかってしまい、踏み切れなかった、というストーリーです。

マーケットリーダー企業がマーケットリーダーであるために陥ってしまうのが、イノベーションのジレンマです。

私たちはややもすると、今の大企業は、過去も、そして未来も大企業だと思ってしまいがちです。しかし、一つの破壊的技術への対応を巡って判断を誤れば、世界的優良企業でもたやすく倒れてしまうことがある、ということは肝に銘じておくべきでしょう。

また「イノベーションがなぜ起こるのか」「なぜ既存企業がイノベーションを起こすのが難しいのか」「その壁を乗り越えるにはどうすればいいのか」など、イノベーション関連の研究

については、新規事業展開のヒントが山盛りですので、できるだけキャッチアップするべきです。

繰り返しになりますが、常若であるためには変わり続けなくてはいけません。しかし、その変化が気まぐれの当てずっぽうであっては生き残り続けることはできません。

先人たちが培ってきたイノベーションに対する知見をよく踏まえたうえで思い切った舵取りをする。これこそが、生き残る可能性を高めるのです。

イノベーションについての研究分野にまだ触れたことがない人には、まずは、ハーバード・ビジネス・スクールのクレイトン・クリステンセン教授の一連の著作をお勧めします。近年のイノベーションに関する重要な研究のほとんどすべてにクリステンセン教授の知見が活かされており、重要な示唆に富む記述が数多く残されています。

2. 顧客

提供価値の次に目を向けるべきは顧客です。

あなたの事業の顧客はどんな人なのか。はっきりとイメージできているでしょうか？　まずは、メインターゲットとなる1人の顧客を具体的に絞り込んでいきましょう。30歳、女性、大阪出身、既婚、子ども1人、育児休暇中、韓流スター好き、ダイエット中など、細かな属性や状況を具体的にイメージすることが大切です（「スイーツ好きの女性」のような抽象的なイメージは具体化しにくいのでNGです）。

中には、具体的にイメージを絞ると、それ以外の顧客をターゲットにした戦略が展開できないのでは？　という懸念から、自分の中で顧客像を具体化させることを拒んでしまう人もいます。しかし、ここはグッと我慢です。とことん具体化させましょう。細かな属性だけでなく、その価値を提供する状況をも具体的に想定すると良いでしょう。

クリステンセン教授がよく用いる例で、ミルクシェークの話があります。これは、ミルクシェークという商品一つとっても、運転中の口寂しさを紛らわすためのミルクシェークは、できるだけ飲むのに時間がかかるよう、重めの食感にしてトッピングは乗せなくて良いのに対し、ショッピングセンターで子どもにおやつとして与える場合のミルクシェークは、軽めの食感で、かつ、サイズも夕飯に影響しないような小さいサイズの方が顧客満足度は高まります。

同じミルクシェークでも、顧客の状況により、求められる商品は全く変わってくるのです。

このような、顧客の具体像を掘り下げる作業を行う意味は3つあります。

1つめは、リアルなマーケットボリュームの分析を行いやすくすることです。新規事業を行う際には、どうしても顧客が無限にいるかのような錯覚を起こしてしまいがちです。しかし、リアルな顧客像をイメージすることで、今から挑もうとするマーケットが100億円の市場なのか、1000億円なのか、1兆円なのかが見えてきます。もちろん、マーケットボリュームの分析には時間軸の意識も重要で、現在マーケットが小さくても将来的に大きくなるマーケットを狙うべきでしょう。

一つ例を上げます。花札を売っていた任天堂がファミリーコンピュータ(ファミコン)を売り出したとき、日本に家庭用ゲーム機マーケットなどは存在しないに等しい状態でした。しかし、時代の変化とともにマーケットボリュームは変わるのです。核家族化・地縁血縁の薄れ・遊び場の減少から、子ども達が外で遊ぶ機会は少なくなりました。そして、一人で家で遊ぶ時間が増え、家庭用ゲーム機の需要が急激に伸びたのです。技術の進歩とマーケットの変化の双方の合致点を的確に捉えた任天堂は、瞬く間に世界的超優良企業へと成長しました。中小企業が競合ひしめく大きなマーケットで大きなシェアを獲得していくのは至難の業ですが、これから大きくなるマーケットを先取りし、支配してマーケットの拡大とともに大きくなっていくことは十分可能です。そのためには、経営者は時代の変化に敏感でいなければならず、時間軸を意識しながらリアルなマーケットボリュームの分析を行うことが重要となってきます。

2つめは、この顧客像の掘り下げ作業を行うことで、チャネルや関係性を具体的に考えられることです。提供価値と顧客がはっきりすれば、次はその2つをどうつなぐか、つまり、顧客との関係性をどのようなものにするか、さらには顧客との接触ポイント（チャネル）をどうつくるか、が問題となってきます。

このとき、顧客がどんな人なのか、どんな会社なのかがはっきりしていなければ、顧客との関係性やチャネルが的を射ているかどうかを判断することはできません。これは非常に重要であると同時に、若手の起業家が非常に苦手とするポイントでもあります。

例えば、顧客が高齢者層ターゲットなのに、Instagramなど、若年利用者の多いSNS広告に注力するというのは空振りに終わる可能性が高い、ということは誰にでもわかるでしょう。では、高齢者とはいったい何歳を指すのか？　60歳なのか70歳なのか80歳なのか……。それぞれの年代によって、見えている世界は全く違います。少なくとも「70代で滋賀県在住。元教員の独身女性」、というくらいまでは顧客イメージを具体的に設定しないと、その人が朝起きてからどんな行動を取り、何を楽しみにし、一週間どんな予定があるのか、までを想定することはできません。

顧客像に入り込み、入り込んだ顧客側からみた世界の中で、どこに広告を出せば有効なのか、どんなメッセージだったら心を打つのか、企業とどんな関係性を望むのか。これくらいまで考えれば、さまざまなアイデアが溢れてくるでしょう。

ビジネスモデルを分析する際は、これでもかというくらい、顧客側の設定がどこまでできているのかを徹底的に見つめ直す必要があるのです。

3つめは、前述した具体的な顧客像の設定をいくつか行い、そういった顧客ペルソナ（架空の人物像）を5人くらいつくったうえで、その共通点を探っていきます。これをすることで、真に顧客の欲しているものが見えてきます。これを、共通欲求の探索といいます。

共通欲求の探索をすると、提供価値の設定の仕方が間違っていたことに気づくということがよくあります。

例えば、これまで何度か例を出してきた駅前の洋菓子店が、自分の提供価値は「有名ホテル出身のパティシエが作る極上スイーツ」だと思っていたのに、実は客側が求めて

いたのは「訪問先で喜んでもらえる手土産を駅前で買えること」だった、ということはよくあることです。このように、さまざまな顧客ペルソナをつくることで、あのお客は何を求めているのか、あのお客がうちを贔屓《ひいき》にしてくれている理由は何か？　が見えやすくなっていくのです。

　さて、このように「実際の提供価値」と「自分が提供価値だと思っていたもの」との間に齟齬《そご》があった場合は、そのズレをどちらかの方向に向けなければいけません。この洋菓子店の場合なら、極上スイーツを提供するには顧客にどうアプローチしたら良いのかを考える、という方向性の改善も有り得るし、「最高の手土産」が提供価値だったのなら、ビジネスモデル全体を見直すというアプローチもあり得ます。

先ほど提供価値について解説する中で「すべてのビジネスモデルの構築は、提供価値の設定から始まる」という話をしましたが、それは主観的な提供価値のことではありません。ビジネスモデルは市場との対話である以上、あなたが提供したい価値と実際に提供している価値が常に一致するわけではありません。もちろん主観と客観が一致することが望ましいですが、ビジネスを立ち上げる時期においては、顧客との対話を通じて擦り合わせをしていく必要があるのです。

このように、提供価値を定めて顧客を見つめ直すと、提供価値を見直す場面が出てきます。また、今まで顧客として捉えていなかったけれど、提供価値から考えることで、顧客層を設定し直すことができる、ということもあります（先ほどの洋菓子店の例でいえば、手土産を渡す相手は高齢の方もいるだろうから、高齢の方でも食べやすい、そして買いやすい菓子を置いてみたらどうだろう、という具合です）。

そして、まさにこれこそが、このビジネスモデルキャンバスという分析手法のダイナミズムです。一つ一つのビジネスのピースが全体の中の一部分であるということを常に意識できることで、常若という在り方の考え方にフィットします。

すなわち、常若という在り方においては、生き残り続けるために常に変化し続ける必要があります。しかし、それはやみくもな変化ではなく「全体像を見据えたうえで一貫性を持った変化」であることが重要です。

実装のためのWORK

あなたのビジネスの顧客はどんな人ですか？　年齢・性別・職業・出身地・趣味などを具体的に想定し、顧客ペルソナを5人つくってください。

次に、想定した具体的な顧客5人の共通点・共通欲求を探ってみましょう。そして、それが提供価値と一致しているかも見てみましょう。

3. 顧客とのチャネル

チャネルという言葉はなじみが薄いかもしれませんが、この項目は「提供価値と顧客をつなぐもの」というように理解してください。つまり、顧客に対して価値を提供するための回路、もしくは窓口、というイメージです。

例えば近所のスーパーの場合、顧客との回路は店舗だったり折り込みチラシだったりします。また、顧客とのチャネルがウェブサイトのこともあれば、メールマガジンということもあるでしょう。多くの企業では顧客とのチャネルは営業マンが担っていることがほとんどです。

難しく考える必要はありません。顧客があなたの商品やサービスに触れるのはどんなタイミングかを考えれば良いのです。チャネルは広告だけではありません。クチコミだって立派なチャネルになります。

ビジネスモデルキャンバスの中で、この項目は軽視されがちですが、実は独自のチャネルを持つことで圧倒的に有利なビジネスモデルを構築している企業は多々あります。

セブン銀行のＡＴＭのビジネスモデルをご存知でしょうか。セブン銀行はＡＴＭ専門の銀行として、全国のセブンイレブンをはじめ、セブン＆アイ関係各所で24時間ＡＴＭサービスを提供しています。このマイナス金利時代にＡＴＭ業務に特化することで圧倒的収益を上げている銀行です。

セブン銀行のＡＴＭビジネスモデルは、単純にセブンイレブンという24時間利用できて、人もよく来るところにＡＴＭというチャネルがあるから有利、という話ではありません。実はセブン銀行のＡＴＭは、事業者向けの「売上金入金サービス」というのを提供しているのです。事業者が専用カードを使ってその日の売上げを入金すると、例えばチェーン店などでいろいろなＡＴＭから入金があっても、その会社の本部や本社が管理する1つの口座に即座に反映してくれて一括管理ができるようになっています。これはもともとセブンイレブン自体の売上を入金して、夜間強盗などのリスクを減らすために考え出されたもののようですが、夜間営業している企業や事業主（居酒屋チェーン、ガソリンスタンドや、あるいはタクシードライバーなど）にとっては、銀行の夜間金庫を利用するよりも最寄りのセブンイレブンで手軽に入金できることのメリットは大きく、利用はどんどん拡大しています。

しかも、この売上金入金サービスは、その手数料収入以外に、セブン銀行にとってＡＴＭに現金をほとんど補充しなくていいという、多大なメリットがあります。通常のＡＴＭもそうですが、特にコンビニのＡＴＭは、ほとんどの利用者が現金引き出しなので、この現金補充コストというのは非常にネックになるところです。しかし、セブン銀行の場合、この売上金入金サービスがあることで、現金の補充は月1回程度で済んでいるそうです。「24時間利用可能」というリソースを、利用者へのチャネルとして使うだけでなく、コストカットにも利用するという、かなり優秀なビジネスモデルの事例と言っていいでしょう。このように、使いようによってはチャネルが強力な武器になるのです。

次に、チャネルを検討する際に、注意しなくてはならないことを2つ挙げます。

まず、チャネルというと、顧客と接触する媒体だけと思いがちですが、もっと広く捉えることが大切です。

例えばある商品と顧客をつなぐ媒体が折り込みチラシだとしたら、それは一日の中で何時頃読まれるものなのか、という「時間軸」の意識。そして顧客はそれをどこで誰と見るのか、という「場」の意識。そういった多角的な観点からチャネルを分析することが重要です。そして、この多角的に分析された今のチャネルが、顧客に価値を提供するために最適な回路なのか、ということを何度も見直す必要があります。この何度も見直し、練り直す、という作業は「常若という在り方」の肝と言いきっても良いでしょう。

顧客の感情を揺さぶってスイッチを押すための工夫を、トライアンドエラーを重ねて突き詰めてください。ここを工夫するだけで爆発的に売上を伸ばすことができる企業はいくらでもあります。そして、顧客と接点を持つすべてのチャネルが最適なものかを総点検しましょう。その一つ一つに自信を持って「ベストプラクティス」(最良の実践法)と言えるようになれば、成果は必ず結果として現れます。

経営者は小さな失敗もしてはいけないという思い込みに囚われがちです。しかし、一度で完璧な方法を見つけられることなどあり得ません。ですから、常に変化させながらあるべき姿を探しつづけるという常若の在り方は常に意識するようにしましょう。

これからの時代は、ＩＴ技術によって事業者と顧客が常時接続され、常にサービスに対する顧客の反応がフィードバックされます。これは、裏を返せば、「事業者は常にべストプラクティスを求めて修正作業を求められ続けている」ということでもあるのです。

2つめの注意点は、チャネルを工夫することで他の競合商品との差別化を生み、商品のブランド力を高めることができる、ということです。これは非常に重要なポイントなので必ず押さえてください。

一番良い例は、アップル社の商品の販売拠点であるアップルストアでしょう。

アップル社の創業者、スティーブ・ジョブズの伝記を書いたウォルター・アイザックソンは、アップルストアについて「ブランディングにおける店舗の役割を一新した」と評価しています。

ご存知の通り、アップル社の製品は、その技術的革新性とともに、日本の禅の思想にも影響を受け、無駄な装飾を徹底的に取り払ったミニマリズムともいえる世界観を持っています。

アップルストア設立当時は、デル社が無店舗販売の工夫でトップシェアを築いていた頃で、メーカーが直営店舗を出すというのは無謀な挑戦だと思われていました。しかし、ジョブズは、アップル製品の革新性と世界観を顧客に共感してもらうためには、アップルストアは絶対的に必要なチャネルであると判断して周囲の反対を押し切ります。

その結果、アップルストアは全世界に500店舗以上に広がり、アメリカでの床面積あたりの売上高はトップを維持しています。さらに、アップルストアはルイ・ヴィトンやエルメスの路面店の隣にあるため、あのハイセンスな世界観がその場所で提示されているというイメージが付き、アップル製品のブランド力の維持向上に多大な影響を与えているのです。そしてこのブランド力によって、性能的にはほとんど遜色のない他社製品よりも、アップルの製品は高く売れ、その分高い利益率を確保することができるのです。

ニューヨーク大学ＭＢＡのスコット・ギャロウェイ教授は、著書『the four GAFA 四騎士が創り変えた世界』（東洋経済新報社）において、「ＧＡＦＡ（米国に本拠を置く、Google・Amazon・Facebook・Apple の４つの主要ＩＴ企業の頭文字を取って総称する呼称）の中で最も長く生き残るのはアップルだろうと予測している。その理由は、テクノロジー企業の寿命は短いが、ハイブランドの寿命は長く、アップルはもはやハイブランド企業の仲間入りをしている」と明記しています。

あなたの商品のブランド力を高める鍵は、チャネルが握っているかもしれません。仮に、自分の商品を今の３倍の値段でも顧客が買ってくれるとしたら、それはどんなブランド戦略に成功したときかを自分に問うてください。利益率向上のヒントが見えてくると思います。

ただし、ブランド力はチャネル戦略だけでどうにかできるものではありません。まず高いレベルの提供価値があって、そのうえでチャネル戦略があります。チャネル戦略の可能性と限界の両方を見極めることは、マーケティングの重要なポイントになりますので、しっかり押さえておいてください。

実装のためのWORK

あなたの商品、サービスのチャネルをすべて書き出し、それが価値を顧客に届けるための回路として最適なものかを点検しましょう。

あなたの商品、サービスについて、今のチャネルを変更することでブランド価値を高めることができるとしたら、それはどんな変化でしょうか。3つ考えてみましょう。

column

ブランディング論の肝は常若

今まで地域の雑貨店にすぎなかった店舗が、ブランディングに力を入れ出した途端、5年後には東京の一等地に旗艦店を構えるようになる、というのも珍しくない時代になりました。burned（焼印）を語源とするといわれる「ブランド」は、初めは家畜を区別する記号でした。現代においては、その商品やサービスの価値そのものとなっています。

経営者にブランディング戦略がないために、せっかくの商品開発が利益の向上に繋がらず、経営が苦しい中小企業は山ほどあります。

ブランディング戦略立案能力は、現代の経営者の必須科目です。とはいえ、書き出すとそれだけで本が一冊できてしまうので、ここでは詳論は避けたいと思います。しかし、この本の主題である「常若」という在り方との関係で、一点だけ指摘したいと思います。

それは、企業ブランディングにおいては、複数チャネル上の一貫性と時系列上の一貫性の双方が求められるが、この一貫性の核となるものこそ常若という在り方だ、ということです。

スターバックスを例に挙げると、顧客がスターバックスと接触するのは店舗だけでなく、コンビニやスーパーのインスタントコーヒーコーナーであったりします。そのすべてにおいて、スターバックスは、顧客に対して一貫性のあるブランドイメージを発信する必要があります。店舗では高級ブランドのイメージで、コンビニでは庶民派格安イメージというのではブランドは崩壊します。

ルイ・ヴィトンやエルメスはセールをしません。ブランドイメージの一貫性を保ち続けることは、ブランドを食いつぶして売り上げを一時的に上げることよりもずっと難しいことであり、その難しい挑戦に挑み続けているからこそスーパーブランドはスーパーブランド足り得ているのです。

時系列上の一貫性についても同じことで、ブランドとは時間をかけて人々の中に浸透していく価値です。そのため、ブランドが浸透する間の一貫性が重要となります。不景気の間だけは庶民派ブランドになろう、また景気がよくなったらハイブランドに復帰しよう、というブランド戦略は必ず失敗します。時代が変われば今までの売り方を変える必要も出てくるし、新たな商品を開発する必要も出てきますが、そのときも培ってきたブランドイメージを変えてはいけません。ブランドイメージを変えるときはビジネスモデルを根底から覆すときです。

変わらずに生き残り続けるために、変えてはいけないもの。それこそが自社のブランドイメージだとしたら、それはまさに常若という在り方の具現化であり、ブランドとは、企業の精神性が商品やサービス上に発露したもの、と言っていいでしょう。その意味では、ブランディング論の本質には本書の主題である常若という在り方を見出すことができるのです。

4. 顧客との関係性

ここまで、提供価値と顧客、さらにはそれをつなぐための顧客とのチャネルについて見てきました。ここからお伝えする「顧客との関係性」は、まさにその三者の在り方、佇まいについて分析するための項目ですので、しっかり押さえてください。

例えば茶道教室というビジネスモデルにおける自社と顧客との関係は、師匠と弟子でしょう。ところが、師匠が茶道に親しむ市民を増やすために「茶道カフェ」を始めて顧客に茶道ごっこを楽しんでもらうビジネスを始めたら、ここでの顧客との関係性は、単なる飲食サービス提供者と消費者になってしまうかもしれません。

ウェブに目を移すと、Facebookのように顧客がどんどん書き込みをすることを促すセルフサービス型のものもあれば、Amazonのように「あなたへのおすすめはこれです」「あなたと同じ物を買った人はこんなものも買っています」とどんどん商品をすすめてくるプッシュサービス型のものもあり、提供の仕方次第で顧客との関係性が全く変わってくるということが分かるでしょう。顧客との関係性は、どのような商品、サービスとして認知されたいか、というブランドコンセプトに直結するのです。

5．収益構造

次はキャッシュポイント、つまりどうやってお金を稼ぐのか、の分析ですが、現在は単に物を売って稼いでいた時代と異なり、キャッシュポイントは一筋縄にはいきません。

例えば、番組は無料で観られるけれど、広告費で稼いでいる、というテレビ局のような事業もあれば、その月に全く利用しなくても、定期的に利用料が引き落とされるスポーツジムのような事業もあります。クラウドファンディングのようなお金の集め方もあれば、江戸時代に流行した、金銭を融通しあう互助組合、「頼母子講《たのもしこう》」のような集め方もあり、資金調達の方法一つとっても工夫の余地がいくらでもある時代です。

また、キャッシュポイントをずらすだけでなく、支払い方法を変えることでイノベーションを起こすこともできます。

近年では、凋落傾向にあったアドビシステムズ（Adobe）が、ソフト売り切り型から利用者への課金型にキャッシュポイントを大転換したことでV字回復しています。

また、値段の決め方でも工夫の余地はいくらでもあり、100円均一はすべての商品を100円に統一することで爆発的成功を収めました。しかし、最近では同一商品でも買う時期や在庫状況によって値段を変化させる「ダイナミックプライシング」という手法が発達してきています。

ダイナミックプライシングとは、ＡＩが膨大なデータを分析して、そのときどきの状況に合わせて最適な価格を割り出し、日々刻々と値段を変化させることで利益の最大化を図るというシステマティックな値決め方法です。モノの価値は需要と供給のバランスから決まる、つまりモノの価値は市場が決めるのだ、という考え方を徹底するシステムといえるでしょう。

今はコンサートや飛行機のチケット、ホテルの宿泊料金などに利用され始めた段階ですが、今後はあらゆる分野に広がっていくと私は感じています。コンビニに行って、ポテトチップスの商品価格が毎日違うという日もそう遠くないでしょう。なぜなら、大手チェーンのすべての店舗はインターネットで接続され、本部で売り上げ状況や仕入れ状況を管理しながら、利益が最大化するように値段を自動的に変動させていくことが技術的に難しくないからです（とはいえ、ネタの値段が時価によって変わる寿司屋は昔からあったわけで、一周して戻ってきたともいえるかもしれません）。

実装のためのWORK

あなたの事業がキャッシュポイントを変更しなければならないとしたらどのように変更するのが良いと思いますか？

あなたの事業にダイナミックプライシングを導入する場合のメリット、デメリットを考えてみましょう。

6．主要活動

ここからは、ビジネスモデルキャンバスの左側にあたる「商品」や「サービスの価値」を生み出すサイドの要素を分析していきます（50ページの図を参照）。

まずは、当該事業において、価値提供を実現するために行う主要な活動をピックアップします。

弁護士なら弁護活動、不動産屋なら仕入れと販売、仲介、管理。洋菓子店なら菓子製作など、この事業におけるメインとなる活動のことです。ここで重要なことは、あくまでも「提供価値を実現するための主要な活動を割り出すこと」であって「作業のために多くの時間を割いていることではない」ということです。

「提供価値こそがすべての出発点」という原点に立ち戻って、自分の事業の主要活動を見直してみましょう。

学生や起業希望者は、この主要活動について、システム開発や遺伝子工学といったテクノロジー重視の活動に傾倒しがちです。もちろん、現代において、テクノロジーとビジネスは無縁ではいられないので、様々な場面で活用しなければなりませんが、それは必ずしもテクノロジーどっぷりの主要活動をしなければ成功しないということではありません。例えば、アメリカのユニコーン企業（設立10年以内、未上場、評価額10億ドル以上）といえばＩＴ系企業ばかりと思いがちですが、２０１４年に創業したAllbirds（オールバーズ）という会社は、靴メーカーながら既にユニコーン企業の仲間入りを果たしています（ウォールストリートジャーナルによると、２０１８年秋の時点で14億ドルの評価がついたそうです）。

昨今、カジュアルとビジネスの境界線はどんどん溶け出しています。ノーネクタイはおろか、Ｔシャツにジャケットを羽織り、デニム姿で働くビジネスパーソンは珍しくなく、職場でスニーカーを履く人がいても違和感を覚えなくなってきています。Allbirds

はこの変化に着目し、プレミアム感のあるシューズの需要を捉え、自社のスニーカーの快適さを追求すると同時に、環境に優しいメリノウールなどの素材を使用していることをアピールし、爆発的ヒットを飛ばしています。

靴の製作という、ある意味では原始的な主要活動を行う企業であっても、マーケティング次第では大化けする可能性があることの好例と言えるでしょう。

7．資源（リソース）

ここでは、あなたがその事業を行うにあたって、あなたの強みになる部分は何かを分析します。

もしあなたが税理士資格を持っているのなら資格面での強み。駅前に土地を持っている資産家なら資産面での強み。または、アパレル関係の仕事に就いているから1年後に流行る服がわかる、前職が資材会社の営業だったから建設関係に幅広い人脈がある、など、目に見えない財産も立派な強みです。

他方、そういうものは一切ないけれど、この事業への情熱だけは誰にも負けません、というのもアリです。むしろほかのすべてのリソースよりも、事業への情熱があることの方が大切です。なぜなら、情熱以外の強みは、外部から調達することができるからです。ただし、情熱とアイデアを混同しないようにすることは大切でしょう。と言うのも、起業家の方は「いいアイデアを思いついたから事業化したい」という思いで起業することがほとんどですが、実際は実行段階でアイデアに無理があったり、先に同じことをやっている会社があったりして躓《つまず》くことが多いからです。

ビジネスアイデアは、特許や著作権とは違い、保護されません。躓いたときに事業そのものへの情熱がなければ壁を突破することはできません。「すごいアイデアを持っている」というだけでは、経営資源としては乏しいのが現実なのです。

ですから、この項目でも自分が強みだと思っているものが「提供価値との関係で強みになっているのか」をしっかり考えましょう。同時に、主要活動を支えるための強みになっているかについてもじっくり掘り下げ、各項目がバラバラになっていないかを確認することが大切です。

起業家のみなさんはストイックな方が多く、自分を強化しようといろいろな資格の勉強をしたり、語学の勉強をしたりしています。もちろん、それ自体は素晴らしいことですが、ビジネスモデルとの関係においては、自分を強化する＝リソースの部分を補強しているに過ぎない、ということを常に意識しなくてはいけません。

「この資格を取ることは提供価値に繋がるのか」「この資格以外にもっと必要な資源はないのか」等を、自分に問い続ける必要があります。単純に「英語が喋れたらカッコ良

さそう」「今後はプログラミングの力が必要になってきそうだから○○の資格を取っておこう」のような漠然とした動機では、その分野をマスターすることは難しいでしょう。

経営者の仕事はビジネスモデル全体を強化し、動かすことです。起業を目指す方は、常にそこを忘れないようにしてください。

実装のためのWORK

あなたの事業やあなた自身のもつ経営資源を書き出してみましょう。また、その経営資源を活かした活動ができているかも見直しましょう。

column

アイデアを生むセレンディピティ

本文では、ビジネスモデルの各要素を様々な観点から磨き上げるためのアイデアを書いていますが、読者の中にはアイデアを出すこと自体が苦手という人も多いのではないでしょうか。

しかし、実は素晴らしいアイデアの生み出し方にはコツがあります。

「セレンディピティ」という言葉を知っていますか？　この言葉は、使う人によってニュアンスが変わるのですが、私は「自分自身が求めていた答えや出会いが、全く意図していないところから現れる幸運のこと」と捉えています。

よく、推理小説などで、探偵が最後の謎を解けずにウンウン唸っているとき、偶然コーヒーをこぼし、それがきっかけで謎が解けるというようなことがありますよね？　それに近い現象とイメージしていただけると分かると思いますが、のちに世界中の人々を感染症から救った抗生物質（ペニシリン）は、アレクサンダー・フレミングが培養実験中に誤ってアオカビを混入させてしまったことから大発見に至りました。

このように、私たちの周りにはたくさんの幸運の種が落ちています。幸運の種が落ちているとき、その種を拾うことができるか、チャンスが来たとき、そのチャンスをつかむことができるか……。これが勝敗を分けるのです。

ただし､幸運の種を拾い上げたり､アイデアを生み出すには、ちょっとしたコツがあります。そのポイントは３つ。

１つは、自分の夢や課題について、言葉にして周囲に発信し続けることです。

「問題」というのは、問いをきちんと立てられたとき、実は８割解決しています。では、適切な問いを立てるためにはどうしたらいいのか？　それには、自分の中の違和感、自分の中の熱い想い、自分の中の衝動をとにかく表現することが大切です。

初めから正しい問いを立てられる人なんていません。何か分からないモヤモヤや、溢れる想いを言葉にしようともがき苦しむことで、適切な問いが生まれてくるのです。それにはまず、表現することが大切です。恐れず、自分の思いを包み隠さず表し、発信してください。

2つめは、言語化して整理した自分の夢や課題について、考えて考えて考え抜くこと。これにより「セレンディピティ発見センサー」がチューニングされます。

流れ星に願い事をすると願いが叶うと言われますが、これは、根拠のない迷信ではありません。流れ星が落ちるのは一瞬ですよね？ いつ訪れるか分からない流れ星に、その願い事を言えるということは、常にその願い事を考えているということです。そういう人には、素晴らしいアイデアが降ってくる、つまり、セレンディピティが訪れるということです。

3つめは、とにかくいろんな出会（合）いを増やすことです。

人との出会いはもちろん、本との出合い、未知なるものとの出合いも大切にしてください。

アイデアは移動距離に比例する、と言われますが、私は「アイデアは、衝撃の数に比例する」と思っています。じっとしていても素晴らしいアイデアは湧いてきません。

とにかく動き、訳の分からないところにも飛び込んでいく勇気を持ち、衝撃を受けてください。衝撃が大きければ大きいほど、発想のジャンプは高くなります。

「奇跡」は奇跡的には起こりません。偶然の素晴らしい閃きが次々と天から降ってくるように、常にこの3つのポイントを意識して行動しましょう。そしてセレンディピティという偶然を、必然的に呼び込めるようになればしめたものです。

8．パートナーシップ

どんな事業も、パートナーとなる事業者なしには成立しません。仕入先、販売代理店、弁護士や税理士といった各士業、広告代理店、外注先業者……など、事業は様々な関係者の協力によって動いていきます。自分の事業を支えてくれているパートナーを書き出していく作業は、自分に与えられている環境に感謝する機会ともいえます。

顧客に対してどんな価値提供をしたらよいかと考えるのと同じ情熱で、ぜひパートナー（事業者）に接してください。そうすることで、あなたのビジネスは間違いなく上を向くはずです。

例えば、あなたがインドアゴルフレッスンスタジオを経営しているのなら、あなたの用品提供パートナーであるゴルフショップのために、ゴルフショップへの無料出張レッスンイベントを提供してみる、という具合です。これにより、ゴルフショップは他店と差別化を図れると同時に、顧客は、購入したてのクラブで無料ワンポイントレッスンが受けられ、「クラブが自分と合わなかったらどうしよう」という不安が払拭されます。そしてあなたは見込み客に対し、レッスン体験を通じて自身のスタジオを身近に感じてもらうことができます。

また、昨今のＡＩブームともあいまって、近頃は自社のビジネス上、採取できるデータを他社と共有することで新たなパートナーとし、ビジネスを拡大する会社が増えています。ＡＩによってデータを解析し、マーケティングに有利なデータを抽出するのです。この流れの中で顧客と直に接し、解析する顧客に対する元データを取得できるポジションの価値はますます高まっています。あなたにとっては他に使いようのないデータも、パートナーにとっては宝の山かもしれません。

例えば、自動車メーカーは保険会社に入ってくる事故データをＡＩに解析させることで、もっと安全な車を作れるようになるでしょう。シャンプーのメーカーは、美容室が収集する顧客からの声を反映させることで、もっと顧客のニーズにマッチしたシャンプーを開発することができるかもしれません。

パートナーとの関係見直しは
ビジネスモデル全体のダイナミックな見直しに直結

法律事務所のビジネスモデル

（現在）

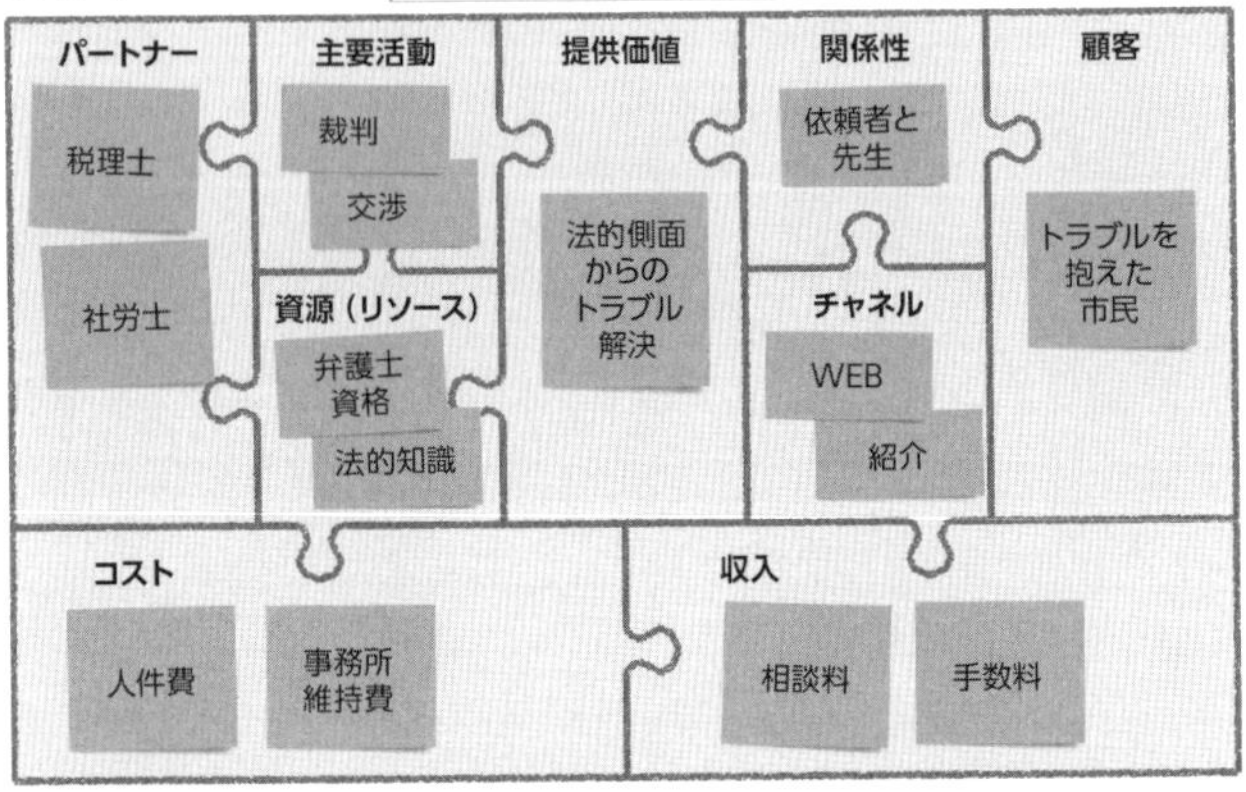

パートナーのところの 税理士 社労士 を顧客にすると…

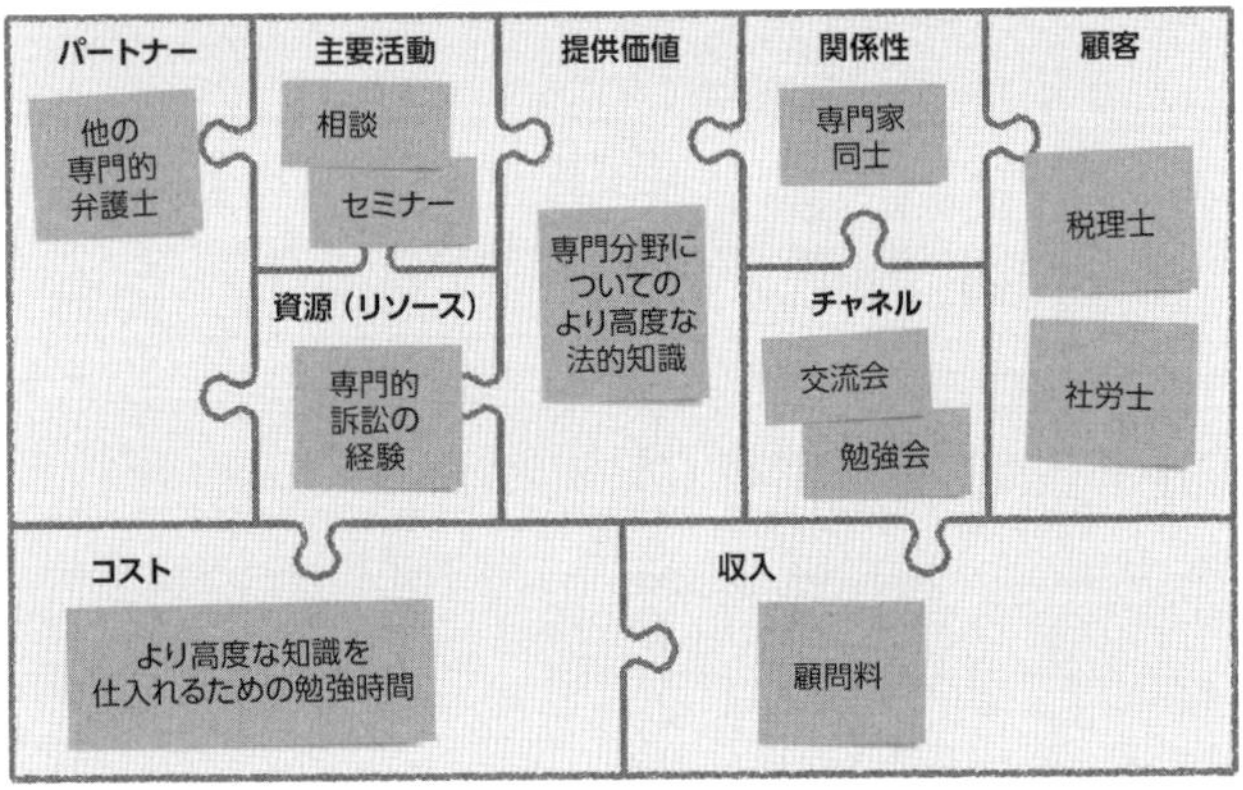

現在のビジネスモデルのパートナーを顧客にできないか
視点を変えるだけでガラッと新しいビジネスモデルが生まれる

そして、このパートナーとの関係の見直しは、得てしてビジネスモデル全体のダイナミックな見直しに繋がります。

昨日までのパートナーが明日からの顧客になる、パートナーがチャネルになる、パートナーがリソースになる、など、いろいろな役割の見直しがあり得ます。特に今までパートナーと位置づけてきた人達を顧客にするビジネスは、既に関係性が築けている分、かなりの確率で上手くいくことが多いです。

ビジネスモデルキャンバス全体を見渡してビジネスモデルの見直しを行うときは、是非、このパートナーの項目に注意を払っていきましょう。

実装のためのWORK

事業パートナーにもっと恩恵を与えるために、何が工夫できるかを考えてみましょう。

現在は事業パートナーとして位置づけられている会社に対して、あなたが提供することができる商品・サービス・データがないかを検討してみましょう。

column

ノミの理論から学ぶ、環境と会社の業績の関係

事業パートナーについて思いを巡らすときに意識してほしいのは、ノミの話です。ノミを一匹捕まえて虫カゴの中に入れてフタをすると、フタを外してもフタの高さまでしか跳べなくなります。

例えば30㎝のジャンプが出来ていたノミを、高さ5㎝の箱の中に入れておくと、箱から出したあとも5㎝しか跳べなくなってしまうのです。

環境の影響というのは、これほど大きいのです。

ですが、このノミを再び30㎝まで跳べるようにするのは簡単です。30㎝跳べるノミの群れの中に入れれば良いのです。5㎝しか跳べなくなっていたノミは、周りにつられてすぐに30㎝跳べるようになります。

何が言いたいかと言うと、周りの環境というものは、良い方向にも悪い方向にも強い影響力を持つ、ということです。

あなたの年収は、あなたが一緒に仕事をする人達の年収の平均と一致してきます。1億円の投資案件にビクビクしている人も、100億円案件ばかりを扱う人の中にいれば、自然に目線が上がって10億円案件を扱うようになってきます。

会社の成長スピードを上げたければ、スピード感のある企業と付き合うことが大事なのです。

このノミの理論は、私が青年会議所での活動を通じて非常に強く共感した理論です。青年会議所は、20～40歳までの青年経済人が、まちづくりのために集う全世界に広がる非営利組織です。そこではリーダー養成の仕組みが非常に上手く設計されています。1年単位で組織改編が行われ、10人の中のリーダーが100人の中のリーダーになり、1000人の中のリーダーになり、少しずつ背伸びしながら、リーダーとしての振る舞いをせざるを得ないポジションを与えられていきます。初めはちょっとした飲み会の司会もできなかった新入会員が、与えられた環境の中で必死に周りのリーダーに追いつけるように活躍することで、3年後には100人の組織を自在に動かしている姿を目にすることも珍しくありません。

「高め合える仲間が周りにいることで、人間もノミと同じようにどんどん高く跳べるようになる」。このことを学ばせてもらった青年会議所活動には心から感謝しています。

9．コスト構造

ビジネスモデルキャンバスの最後の項目は、コストの構造です。決算書を見ながら、あなたの事業を回していくうえで発生するコスト（家賃、広告費、仕入れ、人件費など）

をどんどん書き出していきましょう。そして各項目を書き出したら、次は提供価値に結びついている順に並べ替えていきます。この作業は「主要活動」「資源に結びついているコスト」「結びついていないコスト」をはっきりさせるために行うためのもので、非常に重要です。

例えば、税理士事務所のように、顧客が事務所にほとんど来ないような業種では「顧客に対する価値提供への貢献度」としての事務所経費は低いかもしれません。反対に、税理士事務所の場合は、その年の税法の改正内容や助成金の募集内容といった業界の最先端知識を研修費用などのコストをかけることで常にフォローしているため、顧客への価値提供の順位は高いでしょう。他方、弁護士事務所は、頻繁に顧客が事務所を訪れることから、事務所の立地や内装は顧客満足度に大きく影響します。そのため、同じ士業でも税理士事務所よりは価値提供の貢献度としての事務所経費は高くなるでしょう。

もちろん、すべての支出は必要なもののはずですが、不要か必要か、という分類だけで分けてしまうと、すべて必要なものになってしまいます（この罠にはまった典型例が、民主党政権時代の事業仕分けです）。

必要性には常にグラデーションがあるので、必要性の有無よりも複数の必要なものの中から順位をつけるように意識していきましょう。そして提供価値との結びつきが低いコストについては、削減する方法がないかを常に吟味することが重要です。特に起業時は、必要度の高い支出が何なのかを見極めきれず、とりあえず支出してしまう傾向にあるので、目安として半年ごとの見直しをお勧めします。

単に削るだけでなく、例えば購入していたものをリースに変える、広告費や採用費を成果型に変えるなど、支払い方法を変えるだけでも違ってきますので、創意工夫を凝らしていくことが大切です。

実装のためのWORK

あなたの事業のコストを書き出し、価値への貢献順に並び替えましょう。
価値への貢献度が低いコストの削減方法を工夫してみましょう。

column

経営者にとって一番大事なのは従業員。利益は二の次である

私が最も尊敬する経営者を一人だけ挙げるとするなら、クロネコヤマトの宅急便を創業したヤマト運輸の故小倉昌男氏です。

宅急便取扱店の数は今や郵便ポストよりも多く、クロネコヤマトの宅急便サービスは、もはや揺るぎないインフラの一部となっています。しかし、これは当たり前のようにできたものではありません。大手百貨店から無理難題を突きつけられ、業態転換を余儀なくされたヤマト運輸が、常識と戦い、規制と戦い、人間中心主義を貫いた結果、築き上げたものです。

その小倉昌男氏は「リストラをするのは経営者失格だ」と常に仰っていたそうです。

私を含め、中小企業の経営者にとって何より大切なものは、一緒に働いてくれる仲間です。仲間がいて、仕事があるのであって、その逆ではありません。

近年、外部からやってきてリストラを断行して、業績をV字回復させる経営がちやほやされる傾向があります。しかし、はっきり言うと、リストラして業績を回復させるというのは下策です。少なくとも、仲間の生活をどうやって守っていこうかと考えている大多数の経営者からすれば、憧れの対象ではありません。

いかにリストラをせずにコストカットをするか？　これこそが経営者の腕の見せ所であっ

て、逆に言えば、不況下においても、リストラをしなくともすむように、コスト構造を見直し続けなければいけないのです。

常若のビジネスモデル改革を続けるためには、その「精神性を守るべき仲間こそが最も価値に直結する資産」だということを忘れないようにしてください。

10．まとめ

①ビジネスモデルキャンバスの使い方

ここまで、ビジネスモデルキャンバスの描き方、考え方について詳しく見てきました。ここからは、実際にご自身の事業のビジネスモデルキャンバスを描いていきましょう。現在のビジネスモデルキャンバスを描いたら、3年後、5年後とどう変化させていきたいかも描いていくのがポイントです。その際、大切なのは、「提供価値以外の部分をどんどん入れ替え、書き換えていく」ことです。常若のように新しい本宮を建てるつもりで、これまでパートナーだった人を経営資源に組み込んだり、あるいは顧客にするなどして、新しいビジネスモデルキャンバスを描いていきましょう。そこから新たな経営資源が生まれればチャネルも変わり、その結果、収益構造も変わってくるかもしれません。

そして、このステップ作りのコツは、とにかく小さなステップ「ベイビーステップ」

を刻むことです。なぜなら、目標を達成できない人は、想定するステップが大きすぎて躓いてしまうことが多いからです。

例えば「紙媒体とウェブ媒体での広告費率を現在の4対1から1対1にする」という目標を立てたとします。この場合、目標までのステップとしてやりがちなのが、

① 今月中に会計士と調整してウェブ媒体への追加支出の額を決める

② 再来週までに紙媒体での広告の費用対効果の検証をまとめる

などです。

しかし、これではステップが大きすぎて動き出せない人がほとんどです。だから、もっともっとステップを小さくしなくてはいけません。例えるなら、0歳児の赤ちゃんがハイハイし、つかまり立ちし、よちよち歩きをし

だすようなイメージです。この例であれば、

① 広告費へ追加で投下できる資金余力を把握するためには、会計士との打ち合わせの日程調整連絡は今日行う

② 紙媒体の費用対効果を再検証する会議を来週するための日程は今日決定する

など、今すぐにできることをステップ化させるのです。

「今日やること」や「今やること」が見えてこないと、課題はそのまま放置され、気づいたら3年経っても何も進んでいない、という地獄のスパイラルに入っていきかねません。

近年、スタートアップの局面においては、いきなり完成されたビジネスモデルを描こうとするのではなく、動いて試して失敗して修正して、の「トライアンドエラー」をどんどん繰り返すことで、最速で事業化できるという発想（リーン・スタートアップ）が広まってきています。とはいえ、いざリーン・スタートアップをしようとすると、日本の減点主義や失敗を恐れる傾向からか、日本の起業家は実行に移せないというのが現実です。

しかし、躓きの石は、実は大きなステップに至るための小さなステップを設定しておかなかった甘さ、つまり、ベイビーステップを刻まなかったことにあります。

1年後に実現したいことも、初めの小さなステップは、それを行うと決意したこの瞬

間に生まれます。

「打ち合わせの予約を入れる」「調査担当者を決めて報告の締め切りを決める」「不確実要素を洗い出す会議の日程調整を行う」……など、すべて今すぐできる小さなステップを設定しておけば、すぐに取り掛かれるのです。

起業家の中には、このようにプロジェクトをマネジメントすることが苦手な方も少なくありません。そこで、一つポイントを伝授したいと思います。

それは、「段取りは内容を支配する」というセオリーです。

例えば、あなたが会社のマーケティング施策を見直すとします。そのときの猶予が「1週間以内」「1ヶ月以内」「3ヶ月以内」の3種類あったとしたら、3つのそれぞれの見直しの規模は全く変わってくるでしょう。

1週間の猶予ではこれまでの施策の微修正しかできないでしょうが、3ヶ月あればこれまでの施策をすべて検証したうえで全く新しいマーケティング戦略を構築できる可能性があります。これは、猶予期間という段取りが定まった時点で事実上、内容が固まっているということです。

分かりやすいように、さらに具体的な例を挙げます。あなたが会社の次回の研修を企画しなければいけないとして

① 社内に講師を呼んで行う

② 一泊二日で琵琶湖のほとりの研修施設で行う

③ 二泊三日でベトナムに行く

上記3つのアイデアが浮かんだとしたら、この段取り部分を決めた時点で、研修の内容はほとんど絞られてきます。

ベトナムまで行って、日本人の講師の講演を聴くだけの研修などあり得ません。逆に、琵琶湖のほとりの研修施設で、ベトナムの若者市場で爆発的に人気の出ている商品を実際に購入してみる、という体験研修もできません。

このように、**段取りさえ支配できれば、内容はいくらでもコントロールできる**のです。プロジェクトマネジメントにおいては、この視点が決定的に重要です。あなたがプロジェクトをコントロールするためには、常に段取りを支配し続けなければいけないということを肝に銘じておきましょう。

column

これからのマーケティングに不可欠なKPI

本文では、変化し続けるための「ベイビーステップ」の重要性について書きました。

ビジネスモデルキャンバスを「絵に描いた餅」にしないために、ここではさらにＫＰＩ設定の重要性についてお話ししたいと思います。

ＫＰＩとは「key performance indicator」の略称で、日本語では「業績指標目標」と訳されることが多いのですが、これは非常に誤解を招く表現です。正確には「業績を伸ばすためにそこへの導きの鍵となる行動の指標」と理解すべきだと思います。

例えばビジネスモデル分析の結果、これからは顧客対象を個人から中小企業に変更しよう、ということになったとします。すると営業部のＫＰＩは「１週間で何社の中小企業の社長にプレゼンしたか」ということが重要になり、さらには「目標は１人１億の売り上げ」「毎週３件契約獲得」など、結果目標を設定し、ミスを大きくしてしまいがちです。

良きＫＰＩは導きの石です。結果目標ではなく、行動目標でなければならないのです。「どう行動すれば毎週３件契約することができるのか」を深く追求し、行動指標に落とし込む必要があるのです。

もちろん、行動指標にもいろいろなレベルがあって、動き出すのが苦手な人にはいきなり大きな行動目標を立てるのではなく、ベイビーステップならぬ「ベイビーＫＰＩ」を立てた方がうまくいきます。

例：Before　１ヶ月以内に従来顧客の中から30件訪問する

↓

After　1週間で顧客名簿から100件電話して訪問の予約をとる

ただし、ここで重要なのは、ベイビーKPIをあまり小さくしすぎないことです。ベイビーKPIは、極論すれば「朝きちんと挨拶をする」など、日常の些細な事柄でさえも作れてしまうので、スタッフが「その行動指標さえ満たしていれば結果が出なくてもいい」という気持ちになり、KPIを立てた意味がなくなる危険性があります。

適切なKPIの設定能力は「少しずつ磨いていく」ことです。いきなり完璧な指標や尺度を設定することはできません。設定する側も試行錯誤しながらやっていく覚悟が必要です。

そしてさらに大事なのが、KPIは設定して終わりではない、ということ。動き出してからの管理こそが勝負です。

その行動指標は本当に意味のあるものになっているのか、しっかり担当者に落とし込めているのか？　これらを定期的に見直し、修正をかけていくことが業績アップに直結するKPIの使い方です。

②ストーリーとして語れるビジネスモデル

ビジネスモデルキャンバスを利用すると、様々なビジネスモデルの可能性が見えてきます。では、良いビジネスモデルとは具体的にどんなビジネスモデルでしょうか。私は、経営学者の楠木建氏が著書『ストーリーとしての競争戦略』（東洋経済新報社）で提唱されているように、ストーリーとして生き生きと語れるビジネスモデルが良いビジネスモデルだと考えています。

楠木氏の著書には、中古車買取・販売会社「ガリバー」が典型例として紹介されています。中古車販売業界は、業者が消費者から車を買い取り、その車を展示場に並べ、消費者に売る。売れなかったら業者向けオークションに出す、というビジネスモデルが普通でした。しかし、これでは大きな展示場や売却のための広告費、営業マンの人件費など、多大なコストがかかります。何より、同じ展示場に「高価買取」と「激安販売」の旗を立てるという、相矛盾した構造が常態化していました。そこでガリバーは、思い切って買取専門のビジネスモデルを打ち立てます。消費者から中古車を買い取り、すべて業者向けのオークションに出品するのです。もちろん売値は落ちますが、展示場も営業マンも不要なのでコストは下がり、結果、ガリバーは瞬く間に超優良企業にのし上がったのです。

誰もが知っている企業でも、その競争戦略は意外と知られていないことが多かったりします。その典型例として、ストーリーとしての競争戦略を語るときに欠かせないのがGoogle の戦略です。Google の主な収益源はウェブ上の広告販売ですが、ウェブ広告の価値は人々がネットに接続してウェブサイトを見ている時間が増えれば増えるほど高まります。そして、このネットへの常時接続時代においても未だに人々がスマートフォンを見ることに集中することが許されないのが車の運転中です。

Googleは、自動運転自動車の商品化に向けて熱心に取り組んでいます。勘の良い方はもうお分かりでしょう。そうです、Googleは、車に乗っている時間もスマートフォンが見られるようにしたいのです。さらに街中をGoogleの車が走行するようになれば、そこから膨大な情報が得られるうえ、ウェブ上での人々の動きだけでなく、リアルな世界での人々の動きに関しても把握することができ、それを広告の出し方に反映させることができるようになります。このことは、広告代理店としてのGoogleの価値をさらに高めることになります。

　自動運転自動車を開発することは、Googleにとっては一石何鳥にもなる「ストーリーのあるビジネスモデル」と言えるでしょう。

実装のためのWORK

あなたの描く将来のビジネスモデルをストーリーとして周りの人に語ってみましょう。

第5章

マーケティングの未来と常若

ここまでは、マーケティング論の基本として、ビジネスモデルの分析とそこに常若という在り方をどう融合させていくかという視点で見てきました。

ここからは、マーケティング論の応用として、マーケティングの未来について常若という在り方と絡めてお話ししたいと思います。

ストーリー消費の先へ

1．モノ消費からコト消費へ

途上国を除き、現代は日常生活に必要な物が不足するということは滅多にありません。それぞれの商品には様々な機能がつき、日夜目新しい製品が発売され、機能面で差別化することはとても難しくなっています。そのため、これからは商品やサービスの機能を売るのではなく、顧客に対して与える「経験」を売って差別化しないといけません。これが「モノ消費からコト消費へ」という意味です。例えば普通に売っていたら売れないようなキーホルダーが、旅行先のお土産としてであれば売れる。お茶碗は売れないけれど、お茶碗づくり体験教室は予約でいっぱいになったりする、などです。

昨今、高級車や高級バッグの売れ行きは芳しくないですが、最高のおもてなしを提供する能登半島の老舗旅館『加賀屋』や、最高級クルーズトレイン『ななつ星in九州』などのようなチケットは、決して安くない価格でもどんどん売れます。スターバックスは、単においしいコーヒーを売っているのではなく、家と職場・学校の間の「サードプレイス」を作るのが目的だと謳っていますが、これこそまさにコト消費でしょう。

ところが、マーケティング業界のトレンドワードだったコト消費も、ここまで広まってくると、単にコト消費というだけでは差別化しにくい状況になっています。いくら体験を売れと言われても、どんな体験でも売れるというわけではなく、また、モノ消費と違って、コト消費は薄利多売が難しく、付加価値をつけて価格を引き上げる必要があります。『加賀屋』でのおもてなしや『ななつ星in九州』のような旅体験と、付加価値の部分で戦うのは、資金力のない中小企業には難しいのが現実です。

そして最近では、コト消費をさらに進めて、お祭りなどのイベントと絡めた一回きりの体験を売る「トキ消費」というものもあります。しかし、これもコト消費同様、大きなイベントを何度も仕掛けることができるわけではない中小企業にとっては難しいでしょう。

コト消費の中で資金力勝負に陥らずにいかに差別化していくのか。これが次なる課題です。そこで出てくるキーワードが「ストーリー」です。

2．ストーリー消費からストーリー参加へ

物やサービスの付加価値をつける際、その背景にあるストーリーを押し出すという手法は古くて新しいものです。

例えば、ただの茶碗でも、これは千利休が最期に茶を点《た》てた茶碗だと言われたら、とてつもない価値を感じてしまうというのが人情です。軽井沢にある老舗ホテル『万平ホテル』のロイヤルミルクティーも、レシピを教えたのがジョン・レノンだという話を聞くと、味わいは変わってくるでしょう。

そこにストーリーがあることは、モノやサービスの付加価値を一気に高めます。

例えば近所のスーパーで売られている小松菜に、「ＩＴ企業を辞めて帰郷した○○さんが伝統&最新技術を融合し、試行錯誤を繰り返しながら10年かけて完成させました」と書かれていたら、手を伸ばす人は多いかもしれません。しかし、これからのマーケティングは、このストーリー消費のさらに先を見据えたものでなければ成功しません。つまり「ストーリー参加型消費への展開（ストーリー消費×コト消費）が必要」なのです。

一番わかりやすい例は、ＡＫＢ総選挙です。結成当時のＡＫＢは、それぞれのファンがそれぞれのメンバーの成長を消費するという典型的な「ストーリー消費」と、握手会という「コト消費」を足し合わせたものでした。その後、これらを掛け合わせて「総選挙」という形でファンがそれぞれのメンバーのストーリーに参加することができるようにな

ったのですが、これは、天才音楽プロデューサー、秋元康氏の真骨頂と言えるでしょう。また、漫才コンビ、キングコングの西野亮廣氏は、近年最も注目を集めるマーケッターの一人と言っても過言ではありません。彼もまた、このストーリー参加型マーケティングを巧みに使いこなしています。

彼がプロデュースした絵本『えんとつ町のプペル』の光る絵本展は、全国各地の有志がクラウドファンディングであらかじめ資金を募り、開催する仕組みが作られています。顧客は、来場者としての立ち位置を得る前に、主催者としての地位を得ます。この絵本展は全国で既に100万人以上の動員があったと言われていますが、そこに携わる関係者は、まさにこの絵本のプロジェクトのストーリーに参加すること自体にお金を払っている、というわけです。

とはいえ、ストーリー参加型マーケティング自体が全く新しいものというわけではありません。古くは奈良の大仏を作る際、聖武天皇が「たとえ草のひと枝、一握りの土を運ぶことでも良いので、大仏造りに参加してほしい」旨を述べられたそうです。

こうして書くと、ストーリー参加型マーケティング手法は、卓越したカリスマ性のあるトップしか使えないのでは？　と思われるかもしれませんが、そんなことはありません。

「花ひろば学園レモン部」という名前を聞いたことがありますか？　これは、三重県桑名市の苗木販売店が運営するオンライン上のコミュニティです。顧客は単に苗木を買うのではなく、それを育てる様子をオンライン上にアップし、他の「部員」と意見交換したり、「顧問」である社長からアドバイスをもらうなどして「部活動」というストーリーに参加できるチケットを買っているのです。

ストーリー参加型マーケティングを成功させるには、3つポイントがあります。

1つはストーリーの大きさです。ストーリーが大きければ大きいほど、巻き込む力が大きくなります。

例えば「町で一番の豆腐屋を目指しています」と「世界豆腐選手権を目指しています」という旗標《きひょう》があったら、ほとんどの人が後者を応援したいと思うのではないでしょうか。

2つめはストーリーにどれだけ深く参加できるか。「世界一の豆腐を作るために、一から大豆畑を一緒に耕しませんか」というのと「世界一の豆腐ができたので食べに来てください」というのでは、前者の方がより顧客をストーリーに巻き込みやすいはずです。

3つめはストーリーに参加してもらう人数です。これまでの流れからすると、多ければ多い方が良い、と思ってしまうでしょうが、違います。例えば下町のスナック。半年に一回足を運んでくれるお客が100人いるのと、毎週店に顔を出してくれるお客が20人いるのでは、後者の方が儲かるという具合です。

ターゲットを広げることで、漠然としたサービスになっては意味がないのです。

「ストーリーの大きさ」「コミットメントの深さ」「ターゲットの広さ」。この3つの要素のバランスが取れればストーリー参加型マーケティングは成功します。

ただし、このストーリー参加型マーケティングはあくまでも「ストーリー参加型」にすぎません。商品開発に顧客を参加させればいいという話ではないので注意が必要です。

また、商品を開発する際、顧客の不満に対応するのは重要ですが、ヒット商品がどんなものかということを顧客が知っているわけではない、ということは覚えておきましょう。分かりやすい例で言えば、もしアップル社が世界中の顧客からのアンケートに忠実に答えて商品開発を行っていたら、iPhoneはこの世に生まれていないでしょう。

「顧客を商品やサービスのストーリーに巻き込んでいくこと」と「商品開発に顧客の意見を取り入れること」は全く意味合いが違います。マーケティングを学ばれる方にとって、これは、胸に刻んでおくべき極意です。

実装のためのWORK

あなたの描く将来のビジネスモデルをストーリーとして周りの人に語ってみましょう。

3．マーケティングを成功に導く「顧客の承認欲求」

モノ消費からコト消費へ、コト消費からストーリー消費へ、そしてストーリー参加消費へ、という流れを書いてきましたが、実は変わらないものが一つだけあります。

それは、**現代における消費とは、結局のところ、顧客の社会からの承認欲求をどう満たすか、ということに尽きる**ということです。

衣食住に事欠いていた時代から、人類はキレイな貝殻を集めてはそこに価値を見出してきました。キレイな貝殻を見て癒《いや》されたいということではなく、周りの人達からキレイな貝殻を持っていることを羨ましがられたいという欲求です。

もちろん、周りの目なんてどうでもいいという人もいるでしょうが、そういう人も、周りの評価を全く無視してモノの価値を決めてはいないでしょう。

モノ消費からコト消費へと移ったのは、モノは簡単に作れても、コトには一回性があるからです。そして、ストーリーが消費されるのはそれによってモノやサービスの希少性が高まるからです。結局のところ、付加価値というのは、顧客にモノやサービスの希少性をどう感じてもらえるかによって生まれます。これからも新たなマーケティング手法が生まれ、マーケッターは都度その変化についていかなければなりませんが「顧客の承認欲求をどう満たすか」という視点を変わらずに持ち続ければ、軸のブレないマーケティングを展開し続けることができるでしょう。

column

思考や趣向は、テクノロジーの進化に追いつく形で変わっていく

本文ではマーケティングの変遷について書きましたが、この様な変遷が起きる背景にはテクノロジーの進化、経済構造の変化があります。

高品質の物を大量生産するのが難しかった時代は「高品質の物を所有している」こと自体に価値がありました。しかし、高品質の物が大量生産される時代になると、そこに価値を見

出すことが難しくなってきます。いろいろな体験を売ることができるようになった「コト消費」は、移動にかかる金銭的・時間的コストが劇的に下がったからであり、企業がストーリーを発信できるようになったのは、ウェブやＳＮＳが発達したからでしょう。

このように、我々の思考や趣向というのは、実はその土台となる経済構造やテクノロジーの変化に追いつく形で変わっていくのです。

音楽を例に挙げます。バッハが活躍した時代は、音楽とは教会で聴くものでした。それがコンサートホールで音楽を聴くようになると、曲調も変わってきます。そしてレコードが発明され、自宅で音楽が聴けるようになると、今度はレコードの録音が可能な長さに、音楽の方が制限されました。ラジオで音楽が流れるようになれば、音楽はラジオ番組で流せる長さに制限され、カラオケができれば歌いやすい曲が作られ、テレビ全盛時代はＣＭやドラマでサビの部分のみをインパクトのある形で挿入できる歌が作られていきました。もちろん、昔はコンピューターで操作した音など作りようもありませんでしたが、今はパソコンだけで自在に音楽を作り、奏でることができます。

大切なことは「こんな音楽を作りたい」と願う人がいて、そこにテクノロジーの進化がついてきたわけではありません。**テクノロジーの変化が先にあって、その後に人々の趣向がついてきているのです。**

ビジネスモデルやマーケティングの勉強をしていると、凄い方法は出尽くしているのだから、もはや新参者が参入する余地などないのでは？　と思ってしまいますが、決してそんなことはありません。なぜなら、この土台となるテクノロジーや経済構造は、日々動いているからです。土台の変化のあとには必ず思考や趣向（専門用語では観念的上部構造といいます）が動き、新たなビジネスやマーケティングが有効になる余地が生まれてくるからです。

なお、この土台と観念的上部構造という発想は、ドイツ出身の思想家で経済学者のカール・マルクスが、ドイツイデオロギーの中で提唱したものからきています。

一般的にマルクスは、共産主義者の教祖的存在として知られていますが、実はマルクスほど鋭く資本主義を分析した経済学者はいません。かの有名な「資本論」はその名の通り、資本主義について分析した本です。近年、世界中から共産主義国家が消えつつありますが、マルクスは資本主義の限界が様々な面で露呈し出すことをいち早く見抜いており、現在、マルクスに対する評価は見直されつつあります。

「マルクス」と聞くと拒否反応する方もいるかもしれませんが、資本主義経済への理解を深めるためにも、マルクスがどんな問題意識をもっていたのかは勉強しておいた方が良いでしょう。今の資本主義経済が抱える問題の根本が見えてくるかもしれません（とはいえ、いきなりマルクスの著書『資本論』（大月書店）に突撃していくという暴挙には出ないでくださいね。まずは池上彰氏の入門書、『池上彰の講義の時間 高校生からわかる「資本論」』（ホーム社）から読み始めましょう）。

4．ストーリー参加型マーケティングとＳＤＧｓ。そして常若

これまで、モノやサービスを売るのではなく、そこにあるストーリーを売る、さらには顧客にストーリーに参加してもらうことが重要だ、とお伝えしてきました。

ここからは、そのストーリーはできるだけ大きく、さらには、みんなの共感を呼べるストーリーであることが成功に繋がるという話をしたいと思います。

では、具体的にみんなの共感を呼べるストーリーとはどんなものでしょう？　ここではヒントになりそうなもの「ＳＤＧｓ」について紹介します。

ＳＤＧｓは、国連が２０１５年に採択した「持続可能な開発目標」（Sustainable Development Goals）の略称です。

ＳＤＧｓは17の目標と１６９のターゲット（具体目標）から構成され、発展途上国のみならず、先進国も世界の問題に取り組み、２０３０年までに世界の貧困を終わらせ、持続可能な世界を実現することを目指しています。

ここで注目したいのは「持続可能」というキーワードです。これまではどうすればより人類は豊かになれるのか？　という視点から様々な活動がなされてきたのに対し、ＳＤＧｓは単に豊かになる、ではなく、その豊かさが「持続可能なものか」という視点が重要だとしていることです。

本書では「常若という在り方」をキーワードにしていますが、これはまさに「持続可能性」についての日本人の叡智《えいち》です。このことから、常若とSDGsは非常に相性が良いと言ってよいでしょう。

そして、もう一つ重要なことは、この開発目標は発展途上国だけのためのものではなく、日本のような先進国にとっても達成できていない点がいくつもある、まさにユニバーサルな目標だという点です。

「国連の開発目標」というフレーズを聞くと、アフリカの子ども達にワクチンを配ったり、東南アジアに学校を建てたり、という風景が思い浮かびますが、それは一面でしかありません。

物資的には恵まれた日本でも、持続可能な世界のためにはまだまだ達成しなくてはいけない目標がある、ということを認識することは重要です。

では、このSDGsをマーケティングに活かすにはどうすれば良いのでしょうか?

世界的にこれからのビジネスの方向性は「短期的な経済的利益の最大化」から「大きなストーリーへコミットする」方向に向かっており、これはまさにストーリー参加型マーケティングと相性が良く、重ね合わせることができます。

「テーブルクロス」というグルメアプリをご存知ですか？　このアプリは、アプリを利用して飲食店を予約すると、予約した人数分の給食が途上国の子どもたちへ届けられるという仕組みを採用しています。予約が成立すれば途上国の子ども達を支援できるという非常に分かりやすいマーケティング戦略で、ＳＤＧｓという大きなストーリーに顧客を巻き込んでいるのです。

そのほかにも、先進国の課題である社会的弱者への配慮に取り組んでいる「おもいやりデザイン合同会社」という企業もあります。この会社は、ホテルやレストランなど、様々な場所に社会的弱者への配慮がしやすくなるようデータを提供する事業を行ったり、社会的弱者の人々が様々なサービスを選択する際のプラットフォーム（それを動かすための土台となる環境）作りを行っています。

そして、これらの例からも分かるように、ＳＤＧｓのような大きな社会的課題解決という目標へ向かっていくためには、特定の課題に対して多数の関係者を巻き込んで解決していく「コレクティブ・インパクト」という考え方が広がってきています。

コレクティブ・インパクトで成果を出すためには、

① すべての参加者がビジョンを共有していること
② 取り組み全体と主体個々の取り組みを評価するシステムを共有していること
③ 各自強みを生かすことで、活動を補完し合い、連動できていること
④ 常に継続的にコミュニケーションが行われていること
⑤ 活動全体をサポートする専任のチームがあること

以上5つの要素を満たすことが必要とされています。

イメージしやすいように、デンマークに本社を置く「ノボノルディスクファーマ」の中国戦略の例を挙げましょう。

同社は、糖尿病治療に使われるインスリンの世界的メーカーです。しかし、世界市場全体ではアメリカの「イーライ・リリー・アンド・カンパニー」や、フランス・パリを拠点とする「サノフィ」にシェア争いでは先を越されています。しかし、ノボノルディスクは、中国市場においては60%近くのシェアを誇っています。

これは、それまで糖尿病への理解が浅かった中国の医療業界に目をつけた同社が、2002年に世界糖尿病財団を設立して中国衛生部、中国科学院等と連携し、20万人以上の医療従事者を訓練し、2000万人以上の患者を教育するとともに、糖尿病への理解をすすめるメディアキャンペーンに多額の支出を行った結果です。もちろん、これによってノボノルディスク以外の競合他社にも中国市場へのチャンスは広がったわけですが、このアクションの中でノボノルディスクが築いた流通業者や政府、医療関係者との緊密な関係性は、他社にとっては簡単には乗り越えられない壁になっています。

「多数の人が大きなストーリーに参加しやすい体制作り」というのは、プロジェクトの核となって動いている人々のところには、大きな成果がもたらされるということです。

ストーリー参加型マーケティングにおいては、今まで社会貢献活動としてビジネスと切り離されていたものが、顧客も巻き込んで達成していくストーリーの一部として取り込まれることで、公共と商売の境界線が薄れていくことになります。

言い換えると、今までは全体のことは公的活動、一部の活動と区分けされてきたものが、今はその区別が難しくなってきているといえるでしょう。

しかし、このことは、実は日本社会においてさほど奇異なことではなかったはずです。なぜなら、我々日本人が五穀豊穣を願ってお祭りを行ってきたことは私的なことであり、公的なことでもありました。集落の中で困っている人がいれば助け合い、仕事を融通し合い、秀でた子どもがいればみんなで学費を工面して出世を応援する、というのは、つい最近まで日本の地方で存在していた共同体のあり方でした。そこに、どこまでが私的でどこまでが公的か、という線引きをする意味はありません。

「一部は全部であり、全部は一部であって線引きはできない」という日本的、あるいは東洋的世界観がマーケティングの世界でも通用するようになってきているのです。先に述べたビジネスモデルキャンバス分析でも、すべての要素が繋がり、全体と一部が連動しているイメージを持っていただけたと思いますが、このことは、個々のビジネスモデルだけでなく、ビジネス全体においても通用するようになってきているということなのです。

実装のためのWORK

あなたのビジネスにおけるストーリーに、より多くの人々に参加してもらうためにはどんな工夫ができるかを考えてみましょう。

column

変革を促すSDGsの考え方

本文では、大きなストーリーのヒントとしてSDGsを紹介しました。

今、全国各地でSDGsに対する取り組みが始まっていますが、よくあるパターンの取り組みの一つに「自社がSDGsに貢献していることを発表してください」というものがあります。すると、どこの企業も「ゴミを分別している」「女性職員が半数以上」「フェアトレード商品を買うようにしている」など声高々に発表します。しかし、このような企画は、SD

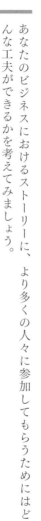

Ｇｓそのものの認知度を高めるには有意義ですが、単にＳＤＧｓに取り組んでいることを探し、見つけ、満足して終わり、ではあまり意味がありません。

ＳＤＧｓを活かすためには、まずは地域（国、都道府県、市町村）においてのＳＤＧｓの達成状況を把握することが重要です。ＳＤＧｓはその前身である「ＭＤＧｓ」（ミレニアム開発目標）とは異なり、先進国も含んだユニバーサルな目標となっているので、すべての目標が達成されているという地域はまずないでしょう。

例えば、貧困問題はない地域でも、若年者の雇用には問題があるかもしれませんし、障害者やジェンダーへの配慮が不十分かもしれません。このように、現状把握をして問題意識を持つだけでも状況はかなり変わってくると思います。

さらに一歩踏み込めば、ＳＤＧｓという視点で見たとき、地域において足りていない部分を補っていくためにはどんな取り組みができるか？　それを関係者が組織の枠を超えて考えるワークショップを行うとなお良いでしょう。このとき、いくつかのキーワードを念頭においてワークショップをすると、新しい発想が出やすいと思います。本文で解説した「ＣＳＶ」や「コレクティブ・インパクト」、「仕組みづくり」や「ゲーミフィケーション」「三方よし」などのキーワードは、これまで日本企業の取り組みの中であまり重視されてこなかった視点なので、新しいアイデアのとっかかりになりやすく、おすすめです。

ＳＤＧｓは国連というお墨付きがあり、かつ、広範囲で広く賛同を得られる内容であるために、ある意味、非常に掲げやすいものになっています。しかし、逆にそれが個々のターゲットの達成に向けての地道で具体的な取り組みへの推進力を弱めてしまう恐れもあります。SDGsをヒントにストーリー構築を行うときは、抽象的なストーリーではなく「一人親家庭の子どもの進学率向上のために◯◯に取り組んでいます」「◯◯年◯◯月までに◯◯という成果を出すことを目指します」というように、具体的なストーリーを作れるように工夫しましょう。

子どもから「野球がうまくなりたい」よりも「甲子園に出たい」と言われた方が、応援しがいがあるのと同じです。

第6章

境界線のない未来

境界のなくなりつつある世界

すべてのビジネスは、「天の時」「地の利」「人の和」がそろってはじめてうまくいきます。今の社会の成り立ち、世界がどう変化しつつあるのかを理解することは、この「天の時」を味方にすることを意味します。

現在、ビジネスと社会貢献の境界線、私的活動と公的活動の境界線がなくなりつつあります。そして、この境界線の溶けてなくなっていくという現象は、実はあらゆるところで起きています。

こうした今の世界の急激な変化を把握することで、**「生き延びるためには我々がこれまでの常識にとらわれず、思い切った変化をすることが求められていること」が芯から理解できるでしょう。**

この章でお伝えすることは、少々難しく感じるかもしれません。しかし、あなたの中の常識と非常識の境界線をいい意味で崩壊させるためには非常に重要です。ぜひ胸に刻んでください。

はじめに、行政区画が溶け出しているという話から。

行政区画の最大と言えば国家ですが、ヨーロッパの国家連合であるＥＵができてから、2019年で25年以上が経ちました。ブレグジット（イギリスのEU離脱問題）の話題が多いため、EUは危機に瀕しているように思うかもしれませんが、むしろブレグジットのような難件がありながらも、EUそのものは結束を固くしていることに注目すべきでしょう。もはやEUは、逆回転することのないところまで統合が進んでいます。

さらにASEANのような経済圏や、NATOのような軍事同盟も拡大の一途を辿っています。イスラム世界においては、タリバンやISといった従来の国境線を無視した形で展開する勢力もあります。

このような行政区画が溶け出してきた背景には、3つの要素があります。

1つは移動手段の発達です。LCCをはじめ、高速で低価格な移動手段が数多く出てきたことです。

2つめはウェブやモバイルフォンといったコミュニケーション手段の高度化。今や、スマートフォン一つで地球の裏側とテレビ電話ができる時代です。あなたが電話したコールセンターは、ひょっとしたらパキスタンにあるかもしれません。

3つめは言語の壁がかなり低くなってきたことでしょう。これまで同じ国民であるかどうかは「移動の壁」「コミュニケーションツールの壁」「言語の壁」によって物理的に仕切られていたものが、テクノロジーの発達によって変わってきたのです。

そして行政区画が溶け出していくことは、ビジネスの面ではグローバル企業の影響力の拡大という現象と表裏一体です。現在、国単位での課税や法規制は世界中に拠点があり、社員も資金も移動しているグローバル企業に対して効果を出せなくなってきています。

例えば日本では同一賃金同一労働として同じ仕事をしているのなら、正社員と非正規雇用労働者の待遇は揃えるようにという動きがありますが、バングラデシュと日本で同一賃金同一労働をしたらどうなるでしょうか？　日本の基準に合わせれば海外の安い人件費に依存する日本企業は低価格の製品を製造することができなくなるでしょう。

また、よく自動車メーカーなどが「我が社は日本の企業として、国内生産台数○○万台を維持し、雇用に貢献します」などと高らかに宣言したりしますが、今や東証1部上場株の3割を外国人が所有しています。経済合理性を無視して日本国内の雇用にこだわる経営方針は、株主に対する背信行為だという理屈も十分成り立ちます。

日本人なら誰もが知っているSHARPのような大企業ですら、外国企業の子会社になるという〝事件〟が数年前に起きました。株主も経営陣も外国人が過半数なのに、その企業が日本の会社であるのなら、「日本の会社」とは一体何なのでしょうか。境界線が溶け出しているのです。

また、ビジネスの世界においては、産業の区分にまで境界線が溶け出してきており、中小企業への影響はこちらの方が大きいかもしれません。

例えば家電と自動車は別分野でしたが、自動車がコンピューター制御され、電気で動くようになってくると、もはやこの区別は難しくなってきます。家電メーカーの多くはその中枢となる自動車部品を作るようになっており、これは自動車にカーナビやコンポを載せていただけの関わりとは全く異なる局面です。さらには、自動車が自動運転の時代に入りつつあり、ここではGoogleを筆頭にIT企業が自動車開発に乗り出しています。

ビッグデータ解析は、マーケティングだけでなく、医療分野でも大きな成果をあげつつあります。IT技術を使った新たな金融サービス「フィンテック」も、金融業界のビジネスモデルを破壊しつつあります。今までの産業の枠組みが溶け出しているのです。

日本の企業はまだまだITを活用したオンライン上のビジネスを、「既存のオフラインでのビジネスをより効率化するもの」として捉えている傾向があります。しかし、そういう発想はもはや時代遅れです。これからは、オンラインとオフラインの区別はなくなり、顧客へ価値を提供する手段として、オンラインもオフラインも含めたあらゆる顧客との接点から、いかに顧客の情報を収集分析し、それを商品、サービス、マーケティングに反映させていくかをあらゆる分野で競い合うことになる「アフターデジタルの時代」（デジタル時代という意識すらなくなる時代）がやってきます。※参考文献にあげた藤井保文、尾原和啓『アフターデジタル　オフラインのない時代に生き残る』（日経BP）は、最新事例も豊富で、この分野の必読文献です。

もちろん、その背景にはＩＴ技術の急速な発展があります。よく、ＩＴ技術はグーテンベルグの活版印刷以来の革命的発明だと言われます。活版印刷は、グーテンベルグが発明してから５００年ほど経ちますが、これによって誰かがどこかで生み出した知識や思想や技術がその人だけのものとして消えていくのではなく、印刷物として世界中に普及させることができるようになりました。この５００年間の科学技術の急激な進歩、文明の急拡大は、この活版印刷技術抜きには語れません。我々が過去の人達よりも優れた思いつきができるのは、先人たちの知恵や経験を印刷物に乗せて知識として受け継いできているからなのです。それを考えれば、ＩＴ技術は誕生してわずか30年ほどしか経っておらず、世界に起こす変化はまだまだこれからと考えておいた方がいいでしょう。この30年間でさえ世界は劇的に変化しましたが、これはまだほんの序章に過ぎないのです。

自分の関わっている業界はＩＴとは関係ないと思っている業界こそ、変革の時期に来ていると思った方がいいかもしれません。一つ例をあげましょう。乳牛の話です。

酪農家が乳牛を繁殖させたい場合、乳牛に人工授精を行うわけですが、人工授精は発情期に行わなければなりません。しかし、この発情期は約３週間ごと、それも主に夜間の12～18時間と限られています。ほとんどの酪農家は少人数で何十頭もの乳牛の世話をしており、一頭ごとの状態をきめ細かく把握して授精時期を見極めるのは非常に困難です。かつては直感と、熟練の職人芸に頼っていました。

ところが、富士通が開発した『牛歩SaaS』という機械学習ソフトウェアシステムは、この乳牛の繁殖時期の把握という、文字通り牧歌的な課題を鮮やかに解決しました。

このシステムは、無線接続された歩数計を乳牛に取り付け、その1時間あたりの歩数の変動を把握することで、発情期の感知だけでなく、8種類の病気の早期発見を可能にしました。さらにこのシステムを利用して収集したデータを解析したところ、人工授精に最適な16時間のうち、最初の4時間に人工授精をすれば牝牛が生まれる確率が70％もあることが発見されたのです。

このシステムによって酪農家の生産性がどれほど向上したかは説明するまでもないでしょう。繁殖最適時期は職人芸いらずで把握することができ、病気は早期発見。産み分けも可能となり、酪農家の収入は増え、負担は圧倒的に減りました。酪農と言う、おそらく最古の仕事の一つである分野にまで、テクノロジーの進化の波が来ているのです。

産官学の境界線が溶け出してきているという捉え方もできます。欧米では、昨日まで一流企業の部長職だった人が、今日は官庁で局長をやり、その後は大学で経験を踏まえて論文を書き、その研究を実践するためにまた企業に戻る、というような人材のサイクルは珍しくありません。そして日本でも、遅ればせながら少しずつこのような社会全体の中の人事異動が行われるようになってきています。このことは、産官学のすべての分野を活性化させることにつながるでしょう。官僚が20年前に学んだ経済理論で政策を立案することはなくなり、昨日までビジネスや行政の現場で働いていた人が大学のゼミで議論するようになれば、教授にとっても学生にとっても刺激になるはずです。

企業は予算とマーケティング戦略を提供し、大学は研究成果と引き換えに実験の場を得る。そして官庁は、規制緩和と引き換えに産業振興による国益が得られるという好循環の三角関係を作る必要があります。そのため、産官学の境界線はさらに薄まり、まもなくその区別すらあいまいな存在が多数出てくるでしょう。

学問の分野でも、境界線が溶け出しています。大学受験などでは未だに厳然と区分けされている文系と理系という区別は、もはや現実には崩壊しています。

例えば「法学」は、文系中の文系というイメージがあると思いますが、近年では経済学的視点から法政策をデザインする「法と経済学」という分野がどんどん発達してきています。また、経済学では金融工学をはじめ、数学についての理解がより一層求められるようになっています。つまり、数学についての理解がなければ、最先端の法学を理解することは難しくなってきているのです。

社会科学においても計算を駆使する統計学を抜きにすることはできません。地質学の研究から歴史が書き換えられることも珍しくありません。文系学問のあらゆる分野で理系学問の見識が必要とされているのです。

反対に、理系学問の分野においても文系学問の知恵が必要とされています。機械工学においては、デザインシンキングや倫理学、文化人類学についての見識の重要性がますます高まっています。

コンピューターサイエンスの分野から具体例を一つ上げましょう。「Facebook」というサービスは、工学的テクノロジーの結晶である高度なシステムで構築されていますが、そこにはユーザー心理の解析、ブランドを支えるデザイン、フェイクニュース問題のような様々な政治的課題への対応など、あらゆる文系学問からの知見が下支えしています。文系か理系か、と区別することには意味がなく、統合知とも言える「リベラルアーツ」が求められるようになっているのです。

私たちの身体はどこまで私たちのものか

境界線が溶け出していく現象は、さらに哲学的な分野にも及んでいます。

ドイツのマルクス・レーム選手をご存知でしょうか。彼は、事故で右脚のひざ下を切断したものの、その後走り幅跳びの選手になった義足のジャンパーです。彼は、2018年、日本で開かれた「ジャパンパラ陸上競技大会」で8m47㎝の記録を出しましたが、この記録は、2016年のリオデジャネイロオリンピック、男子走り幅跳び優勝記録の8m38㎝を上回っています。彼にとって義足とは、身体の一部なのでしょうか。

また、2018年9月4日の東京新聞夕刊には、センサーにかざすだけで解錠や電子承認ができる極小のICチップを体内に埋め込む人が出たと報じられました。この場合のICチップも身体の一部と言い切れるのでしょうか。

自分の感覚で動かせるところは自分の身体というならば、ほぼ実用化の段階に来ている遠隔手術ロボットなどは、地球の裏側にあっても医師の身体の一部になるのではないでしょうか。

カメラの映像を網膜に直接映し出す技術は既に実用化の段階に来ており、視神経と直接接続されるのも時間の問題です。そしてVR技術が掛け合わされれば、我々は、他人が見ている世界を完全に直接脳内に映し出すことが可能になるでしょう。視覚でそれができればその他の聴覚や嗅覚でもできるようになるはずで、そうなるとどこまでが自分の感覚で、どこからが自分の身体か、の線引きはさらに難しくなるでしょう。身体の境界線の別側面の問題として、LGBTへの配慮問題など、性差の境界線も溶け出してきています。

また、生命科学の問題で言えば、2017年にアメリカのソーク研究所が発表した「ヒトの細胞をもつ豚胎児の作製」をはじめとして、遺伝子工学の発展は凄まじいものがあります。この分野については、種の境界線が溶け出しているという観点からも注目していく必要があります。

このように、境界線が溶け出しているという視点で様々な現象を捉えていくと、現代社会の流れはかなりクリアに見えてきます。

そして**あらゆる場面で境界線の溶け出しがみられる現代社会においては、従来の常識は全く通じなくなってきています。このことに対応できない組織は、厳しい言い方になりますが、滅びていくほかない**でしょう。

実装のためのWORK

あなたの事業環境の中で、境界線が溶け出している傾向がないか点検してみましょう。そして境界線が溶け出している背景事情を分析し、この先どんな事態が発生するかを予測してみましょう。

column

〝分ける〟ことは〝分かる〟こと⁉

本文ではあらゆる境界線が溶け出していることについて述べました。ここでは、そもそも「境界線」とは何なのか、境界線を作ることで「分ける」とは何なのかをその限界とともに考えたいと思います。

境界線とは「言葉」です。

このことを最初に言いだしたのは、スイスの言語学者、フェルディナン・ド・ソシュールですが、これは革命的な発想でした。どのように革命的かというと、それまでは「名称言語目録観」と言い、例えば世の中には様々に区別できる動物がいて、人間はそれに一つ一つ名前をつけていったのだ、と考えられていました。

しかし、ソシュールはこれを否定して「人間が名前をつけたことによって、それぞれの動物に区別ができた」と考えたのです。つまり、本質的に犬と猫という生き物がいるわけではなく、人間が「犬とされているもの」と「猫とされているもの」について、これは別の動物だとして別の名前をつけたことにより、2つの種類の動物ができた、と考えたのです。

……ちょっと分かりにくいですね。虹を例にします。

虹の色は、日本では七色ですね。しかし、アメリカやイギリスは6色、フランスやドイツは5色、ロシアでは4色。アフリカの一部の部族では2色と言う人たちもいるそうです。どれが正解というわけではありません。同じ色の群れを見ても、どこに線を引き入れるかによって、見え方は変わってくるのです。

動物の群れを見て一括りに「動物」とするのか、2本足と4本足の「2種類の動物がいる」とするのか。はたまた猫と犬と馬と鳥の4つに分けるのか。正解があるわけではないのです。人間がどう分けて、どう名付けるかによって、初めて区別されるのです。

英語には、村雨《むらさめ》や五月雨《さみだれ》にマッチする言葉はありません。全てrainです。日本語が雨を細かく区分して、初めて村雨や五月雨というものが生まれたのです。

つまり、言葉が境界線を作る、ということです。ややもやとしたひとかたまりの全体が、言葉で分けられることにより、クリアになって「分かる」のです。

言葉が分けられたことで世界ができた、と言っても言い過ぎではないでしょう。

そして、これは西洋文明の本質とも言えます（いみじくも、新約聖書のヨハネの福音書の冒頭は「はじめに言葉ありき」です）。

西洋科学は、あらゆるものを分類していくことにより、進化を遂げてきました。分類し、その特徴を抽出して抽象化することで体系化し、知的征服を行ってきたのです。生物学者が分類して名前をつけた生物は、137万種類にものぼるそうです。その行き着く先は、すべての物質を分解していくとその最小単位はどうなるのか、という研究です。原子だ分子だと研究が重ねられ、現在、物質の最小単位は素粒子とされています。

ところが、この素粒子は、物質でありながら波動という状態でもある、というのが最新の量子論です。

普段は確率によってエネルギーが変わる波のような状態にあるが、観測されると波が収束し、粒になる、ということらしいです（はっきりいって、よくわかりません）。

そして、この波動の世界では、ニュートン物理学は全く通じないのです。つまり、ニュートン物理学においては、同じ物質に同じエネルギーを加えれば必ず同じ動きをするはずですが、素粒子は確率の波動であるため、毎回結果が異なるのです。

西洋科学文明の到達点としては、物質を最小単位まで分けていった結果、それがどんな形をしていて、どんな動きをするのかはっきりしない、つまりはっきりと全体から切り分けることはできない、ということになりそうなのです（興味のある人はさらに超紐理論なども勉強してみてください。脳みそが鍛えられます！）

他方、この、ある種の世界の成り立ちというものについて、東洋思想の典型例ともいえる般若心経はどう考えているかを見てみましょう。

般若心経は、おそらく日本で最も広く知られたお経であることから、様々な解釈が成り立ちますが、私は次のような意味だと捉えています。

まず、般若心経における核となるフレーズは、有名な「色即是空空即是色《しきそくぜくうくうそくぜしき》」です。

これは、要するに、人間が認識できるもの（色）は一見それ自体自立しているように思えるけれど、実際は自立していない（空）なのだ、というような意味です。

結局すべてはつながっていて、一部と全部、部分と全体は分けられない、というのが色即是空空即是色という考え方なのです。

この考え方を頭で理解しようとするのは非常に難しいですが、例えば真夜中の無人の砂浜に寝転がって静かに星空を眺めていると、大自然の中に自分が溶け込んでいき、自分と宇宙が一体化しているような気持ちになることがありませんか？ どこまでが自分でどこまでがそのほかか、という感覚は消え、どこまでも自分の一部であり、逆に自分の身体さえも自分の一部ではない。そのような感覚を覚えたことがある人もいるのではないでしょうか。

私がなぜ、このような回りくどい説明をするかと言うと、「すべてのものはつながっている」ということを頭で論理的に理解するのが原理的に難しいからです。

人間が頭で理解するためには事物を概念という形で分析し、整理しないといけないのですが、色即是空空即是色は、事物を様々な概念に切り分けること自体を否定し、その全体として捉えようという発想だからです。「概念」という概念自体を持つな、という話なので、非常に複雑で理解し難いのです。

原理的に頭で理解することが難しいとしたら、あとは体で感じて理解するしかありません。

お経を唱えることで自己と宇宙の一体感「色即是空空即是色」を体感する。これこそ真理へ

の近道ということになります。そのために、どんどんお経を唱えましょうというのが般若心経の言いたいことなのだと思います（薄暗い御堂の中でお香が焚き染められ、銅鑼や木魚が鳴り響く空間は、この一体感をより感じやすくする仕掛けなのでしょう）。

事物を分析し、分けていく。それだけでは、世界の成り立ちについての真理には到達できないというメッセージをそこに汲み取ることができます。そして、これは先ほど見たように、西洋科学の最先端である量子力学が導く結論とも符号していると言っていいでしょう。

西洋文明の世界観の限界状況を、東洋文明の世界観が何千年も前に説明していた、というのは非常に興味深いことです。**アインシュタインは「科学に欠けているものを埋め合わせてくれるものがあるとすれば、それは仏教だ」と述べています。**

また、不確定性原理を導いて31才でノーベル物理学賞を受賞したヴェルナー・カール・ハイゼンベルグは、「日本の物理学者たちが物理学全体の発展に大きく貢献することができたのは、東洋哲学（仏教や老荘思想）と量子力学が根本的に似ているからだと思う」と指摘しています。

最先端の科学において、西洋文明の根幹である「境界線をつくるために分ける」ということの限界が見え始め、すべてを全体として見る東洋文明との境界線すら溶け出してきているといっていいでしょう。今起きている現象は、「時代の移り変わりによって境界線の位置が変わってきた」というような、これまでの考え方では全く対応できない現象なのです。**これま**

での思考の前提となってきた枠組み自体が変化している以上、ビジネスの領域においてもあらゆる境界線を思考の中から取り除いていくように、思考の癖を矯正していく必要があるのです。

量子力学の話は、普段なじみのない人がほとんどでしょう。しかし、境界線が溶け出すという現象にどのような背景があるのかを理解するために、量子力学は非常に重要なポイントです。しっかり押さえておきましょう。

第7章

企業と国家の寿命。そして常若

企業の寿命は短命に？　成長が早い現代社会

現代世界において、あらゆる分野での境界線が溶け出しつつある、とお話ししましたが、これは、あらゆる組織の寿命が縮まっていることとも深く関係しています。

形あるものはいずれ滅びます。そして変化のスピードについていけないものも、滅びざるを得ません。**移動速度、通信速度の進化により、世の中の動くスピードは飛躍的に上がっており、変化のスピードについていくのはますます難しくなっています。**

しかし、それでも我々は生き残り続けなくてはいけません。まずはこの変化のスピードの速さを見つつ、その変化の中で生き延びるためのヒントについて考察していきましょう。

まずは、企業の寿命について。

米国経済誌のフォーチュンが発行している『Fortune ５００』は、総収入に基づき、全米上位５００社をランキングするリストです。しかし、１９５５年の『Fortune ５００』に入っていた企業で、60年後の２０１５年にもその枠に入っていた企業は60社しかありません。

日本でも、30年前の就職したい企業ランキングを見ると、その上位の企業の中にはすでに破綻していたり、今にも破綻しそうな企業が数多くあります。

それでも、これまでの日本には、新卒学生が定年退職を迎えるまでの約40年は、上がり下がりはあっても潰れたりはしないだろう、という固定観念がありました。

しかし、近年の世の中の動きの速さ、産業構造の変化を見れば、今後1つの会社が40年以上も一流企業で居続けることがどれほど奇跡に近いことか、というのが分かると思います。東京商工リサーチの調査によれば、2017年に倒産した企業の平均寿命は23・5年で、この空前の好景気の中、前年よりも0・6年低下しています。

この背景には、**世の中のスピードが速くなり、ヒットのビジネスモデルの寿命が極端に短くなっていることがあります。このことは、裏を返せば新しいビジネスモデルが確立され、浸透するまでの時間が急激に短くなっている**ことを意味します。

現在の時価総額上位を占める「GAFA」を見てみると、1976年創業のAppleが最も古く、Amazonは1994年、Googleは1998年、Facebookは2004年に誕生しています。さらに言うと、Appleは1997年にスティーブ・ジョブズがCEOに復帰したとき、破綻寸前でした。そこから20年でiPod、iPhone、iPadと立て続けに人々の生活自体を激変させるような新商品を連発し、時価総額世界一に登りつめたのです。

そして、この20年はまさにIT革命の20年でした。

我々の身の回りでも、数年前までは一般的だったサービスが全く存在感を失った例はいくらでもあると思います（家にはステレオもＤＶＤプレーヤーもなく、新聞もテレビも見ない、という人は珍しくありません。車を持たない若者も年々増えています）。

ビジネスモデルの寿命がどんどん短くなる中、変わり続けることができなければ、企業の寿命が短くなっていくのは必然の流れなのです。

しかし、マネジメント経営の第一人者、ピーター・ドラッカーが明言したように、企業の命題は永続性にあります。そこで、次は企業よりも大きな組織体である国家の寿命を検討する中で、企業の永続性についてのヒントを探っていきます。

日本の長い歴史と常若の精神

では、国家の寿命について考えてみましょう。

日本に住んでいるとあまり意識しませんが、国家も組織である以上、生まれては滅んでいきます。

短命国家の例を挙げれば、東ドイツ（ドイツ民主共和国）という国は１９４９年に誕生し、１９９０年「ベルリンの壁崩壊」によって幕を閉じました。その東ドイツの後ろ盾だったソビエト連邦も、１９１７年2月の「ロシア革命」で実権を掌握した後、共産主義陣営の盟主として、世界的な大国となりますが、その後低迷。１９８０年代後半の改革も功を奏せず、１９９１年12月に崩壊します。

共産主義国家以外を見ても、先ほどの東ドイツを統合したドイツは１８７１年の「ドイツ帝国」統一時が国家の始まりで、わずか１５０年余り。政治的にも経済的にも世界に大きな影響力を及ぼすアメリカ合衆国も、１７７６年の独立宣言をもって建国とするため、国家の歴史としては２５０年未満です。

他方、それらの国々と比べても段違いに長い歴史がある国があります。日本です。日本書紀では、紀元前６６０年、旧暦1月1日、神武天皇が橿原神宮にて即位したことにより、日本の歴史は始まったと書かれています（日本書紀には神話の要素も多いため、日本という国号が始めて定められたときを建国とするのであれば、大宝律令が施行された７０１年ということになります。※６８９年の飛鳥浄御原令《あすかきよみはらりょう》で、すでに「天皇」の表記が確認されています）。

そうすると、争いを避けるために短く見積もっても、１３００年以上の歴史があるのは日本だけなのです。

では、日本という国家が、比較的長期間生き延びてこられた理由はどこにあるのでしょうか。私は、これぞまさしく「常若」の精神によるものだと考えています。

変わり続ける時代の中で、新しい器を建てては壊し、建てては壊しを繰り返しながらも、その精神性だけは守り続けることができたからこそ、１３００年の長きにわたって日本の国は生き延びてこられたのです。そして、この精神性の柱としての役割を担ってきたのが皇室だと考えています。

大宝律令を出された持統天皇以降の天皇で、直接政治を執られたのは後醍醐天皇など極めて例外的な存在で、日本の歴史上、ほとんどの期間は天皇不親政《ふしんせい》の原則というのが機能していました。

天皇は、政治の責任者を任命する御立場で、平安時代までは摂政・関白・太政大臣を任じ、武家政権ができてからは征夷大将軍を、現在は内閣総理大臣を任命し、その伝統は続いています（なお、明治以降で天皇不親政の例外を挙げるならば、天皇陛下によるご聖断として、二・二六事件におけるクーデター鎮圧の決断と、大平洋戦争終戦の決断があり、いずれも日本の国家存亡の危機において危機回避のために行われたものといえます）。

では、政治に関与しない天皇は何をするのか。これは「祈り」です。一般にはあまり知られれていませんが、天皇陛下は一年中、様々な宮中祭祀を執り行われています。宮中祭祀の基本姿勢は、順徳天皇が著された『禁秘抄《きんぴしょう》』の冒頭、

賢所（かしこどころ）。凡（およ）そ禁中の作法、神事を先にし、他事を後にす。旦暮あけくれ敬神之叡慮解怠（えいりょけたい）無く白地（あから）さまにも神宮並（ならら）びに内侍所（ないしどころ）の方を以て、御跡（みあと）と為（な）さず

という一節に集約されています。

これは、要するに「宮中の作法はまず第一に神事、その後に他のことがあって、朝夕に神を敬い、かりそめにも伊勢の神宮、また賢所に足を向けて休むようなことがあってはならない」というもので、とにかく宮中祭祀をおろそかにすべからず、というのが皇室の在り方なのです。

変わりゆく時代の中で、政治のあり方や経済状況の変化、他国と戦争になることもありましたが、それでも国家国民の安寧《あんねい》を祈り続ける天皇という存在が、日本の精神性の柱として存在し続けてきました。このことは、まさに常若という在り方の象徴的なものであり、日本国が世界で類を見ないほど長期間生き延びてきた理由だと思います。

６８９年の飛鳥浄御原令にて天皇という言葉が使われたことと、６９０年に伊勢神宮にて第１回の式年遷宮がとりおこなわれ、常若という在り方の起点ができたことは、偶然にしては出来すぎているように思えるのです。

事業も、企業も、国家も……。その寿命は少しずつ短くなってきていますが、その中でも変わり続けながら生き残り続けるヒントがここに隠されているように思います。

第8章

キャリアデザインと常若

人生100年時代のキャリアデザイン

ここまで、事業や企業の維持発展と常若という在り方について書いてきました。ここからは、我々一人一人がこの変化の激しい時代の中でどう生きるべきかを考えていきたいと思います。

前章で、企業の寿命がどんどん短くなっているという話をしましたが、他方、世界人類の平均寿命は延びる一方です。

ピーター・ドラッカーは、このことを著書『プロフェッショナルの条件――いかに成果をあげ、成長するか』（ダイヤモンド社）で、「働く者、特に知識労働者の平均寿命と労働寿命が急速に延びる一方において、雇用主たる組織の平均寿命が短くなった。今後、グローバル化と競争激化、急激なイノベーションと技術変化の波の中にあって、組織が繁栄を続けられる期間はさらに短くなっていく。これからは、ますます多くの人たち、特に知識労働者が雇用主たる組織よりも長生きすることを覚悟しなければならない」と明記しています。

個人が組織よりも長生きするということは、組織とは別に、各々が自らのキャリアパスを自分の手でデザインしていかなければいけない、ということを意味します。

これまでの一般的なモデルとされた日本人のキャリアパスは、22歳までは教育機関で過ごし、23歳から65歳までの43年間を一つの会社、または一つの職業に従事し、65歳から85歳までの老後を余生として暮らす、というものでした。

しかし、人生100年時代といわれる長寿時代の到来は、このモデルを維持させてくれません。

仮に80歳まで働いたとした場合、老後の所得を最終労働所得の50%維持しようと思えば、働き始めてからずっと所得の15%程度を貯蓄に回し続けなければいけないことになります（70歳で引退するなら20%、65歳なら25%です）。

しかも、これは所得上昇ペースが年4%、貯蓄に回したお金の運用利益率が毎年3%と言う、ほとんど非現実的な設定での計算です。現実的には80歳まで働き、老後の所得は最終労働所得の30%の暮らしを目指し、所得の10%程度を貯蓄に回していくというのが実際でしょう（これでもかなり甘めな設定ですが）。

いずれにせよ、80歳まで所得を得られるキャリアパスを描いて行く必要があるわけです。

そして、これまで述べてきたように、**ビジネスモデルの寿命がますます短くなってきていることを考えると、20歳から80歳までの60年間で3度、つまり20年に1度のペースで個人個人も大きなキャリアの作り替えが必要になってくる**のではないかと考えます。

そして、この「**20年に一度のペースで作り替え**」**というのは、まさに常若という在り方の具現化である伊勢神宮の式年遷宮と符合**します。

キャリアを作り替えるといっても、全くゼロからやり直すわけではありません。これまでに培ってきた経験、ノウハウ、教養、人脈など、新しいキャリアに活かせるものはいくらでもあるでしょう。裏を返せば、キャリアを作り替えても残るものこそがその個人の真のビジネスパーソンとしての実力と言っていいでしょう。

新しいキャリアへの遷宮を行い、器が新しくなってもその「真のビジネスパーソンとしての実力」は連綿と生き続け、磨かれ続ける。それがまさに常若という在り方なのです。

そして、式年遷宮もそうであるように、このキャリアの作り替えについても、遷宮のかなり前から準備段取りをしていくことが大切です（式年遷宮は8年の歳月をかけて遷宮への段取りを整えていきます）。

一つの職業について懸命に取り組み、10年ほどしてやっとその仕事について第一線で戦えるようになったくらいのところで、もう次のキャリアパスへの見通しを探り出していく必要があるということです。

この新時代のキャリアデザインを見事に実践したのが、教育改革実践家の藤原和博氏です。藤原氏は東京大学在学中、当時まだ中小企業だったリクルートでアルバイトをしたのち、そのままリクルートに入社。その後メディアファクトリーの立ち上げに携わり、ロンドン留学を経て、日本の社会システムを一新するには教育改革が必要だと思い至り40歳でリクルートを退社。のちに初の民間人からの公立中学校校長になります。

多数の著作もある藤原氏は、まさにこの常若のキャリアデザインのロールモデルとなるべき人です。彼の持論は、100人に1人の存在である分野を3つ持つことで、100万人に1人の人材になろうというもので、傾聴に値します。

ある特定の分野で100万人に1人の存在になることは、オリンピックのメダリスト級の希少性が必要ですが、100人に1人の存在になることは、簡単とはいえませんが決して困難なことではありません。100人に一人の分野を3つ持っていれば、100×100×100＝100万人に1人の人材になれるのです。

例えば、企業内でのチームワークを高めるワークショップなどに特化した研修講師が、英会話を勉強して、日本人主体の多国籍チームのチーム作りに特化した研修をできるようになれば、研修の単価はぐっと上がるでしょう。さらにプログラミングの勉強をし、多国籍チームでのシステム開発におけるチーム作りの研修メニューを開発すれば、100万人に1人の人材として1つのキャリアを築けるはずです。例えば魚屋さんが、魚料理が苦手な人のための料理教室を開催し、さらに魚にあう日本酒の選び方教室を開いたらどうでしょう。外国人観光客向けにもいいかもしれません。そのためには英語力やSNSの発信力を高める必要があるでしょう。もし実現できればそんな魚屋さんはその地域では唯一無二の存在になるでしょう。100万人に一人の希少性を獲得することができるのです。もちろん最高品質の魚を仕入れています、というある意味王道で100万人に1人の存在を目指すことも素晴らしいことですが、王道は険しくライバルが無数にいます。あなただけの100万人に1人の分野を作るほうがずっと易しく、ずっと楽しいと思います。

難しいことを考える必要はありません。まずは、あなたが今の仕事とは別に興味のあることと今の仕事をリンクさせることができないかを考えてみてください。

日本にはまだまだ、一つの道を一心不乱にこだわり抜いていく、という頑固一徹職人モデルこそが最も尊ばれるべきモデルだという意識が強く根付いていますが、前章で述べたように、すべての分野の境界線が溶け出していく時代においては、このモデルはどんどん通用しなくなっていきます。**様々な分野を横断する知識、ノウハウ、そしてそれを組み合わせて新しいものを生みだしていける人材こそこれからの時代の目指すべきモデルになっていく**のです。そしてそのことは、必然的に自分のキャリアが常に変化し続けることを意味します。いくつかの専門分野を持ちながらその軸足が少しずつ変化し、気が付けば10年前とは全く違う仕事をしている、ということも珍しくないでしょう。それこそが常若のキャリアデザインです。

スティーブ・ジョブズの例がわかりやすいでしょう。1985年、自らが作ったアップル社を追放されたジョブズは、ルーカスフィルムのアニメーション部門を買収し、ピクサー社を設立します。その後ピクサー社は「トイ・ストーリー」を大ヒットさせ、ジョブズは映画界において確固たる地位を築きました。

1996年、アップル社はジョブズに復帰してくれるよう要請。そしてCEOとして本格復帰した2000年から、ジョブズの快進撃が始まります。そうです、みなさんが知っている「iPod」「iPhone」「iPad」を生みだし、世界を塗り替えるデジタルデバイスの革命を起こしたのです。そしてこの革命の口火を切った「iPod」の開発においては、誰もが不可能と思っていた音楽業界との話し合いをまとめあげ、「iTunes」というデジタルストアを通じて楽曲管理の仕組みも構築しました。

ここで生きたのが、ジョブズがピクサー時代に培ったハリウッドの人脈です。映画製作という音楽業界と密接に関わる仕事の中で培った人脈をフル活用したことで、不可能と思われた「iTunes」の仕組みを実現させたのです。

ジョブズはキャリアを移し替えながらも「真のビジネスパーソンとしての実力」をどんどん高めていきました。

キャリアの作り替えを行いながら連続性をどう確保するか？　これは、これからの人生100年時代のキャリアデザインの肝といっても過言ではないでしょう。

キャリアを作り替えるために学ぶべきこととは

人生100年時代においてキャリアの作り替えを行わなければならないとすれば、その作り替えの中で連続性を保ちながら自身の価値を高めていくためにはどんなことを経験し、どんな本を読み、どんな能力を身につけていったら良いでしょう。

1．未来の予測はほぼ当たらない

第一に押さえておくべきこと。それは、**我々は未来を予知することはできない**、ということです。

もちろん、これからもっとＩＴ技術が発展していく、さまざまな分野で境界線がどんどんなくなっていく、など、大きな流れについての予測はある程度できますが、個々の政治情勢や、こんな商品が現れる、未来の社会の街角はこんな様子になる、などの具体性の高い予測は、どんなに説得力のある話でも基本的には外れると思っておいた方がいいでしょう。

例えば、石油の枯渇が叫ばれて久しいですが、実際は新しい油田がどんどん発見され、過去の未来予想は完全に外れています。政治情勢に至っては、さらに予測困難です。あの「Yes We Can」のキャンペーンで全米を熱狂の渦に巻き込み、史上初のアフリカ系アメリカ人のオバマ大統領が誕生した8年後、テレビショーでの様々な差別発言や極端な主張で知られていたドナルド・トランプ氏が大統領選に勝ち抜くなどということを誰が想像できたでしょうか。日本のメディアは大統領選挙の前日までヒラリー・クリントンの勝利を予測する報道をし続けていました。２０１６年６月、イギリスでＥＵから離脱すべきかを問う国民投票が行われたときもそうでした。世界中のメディアはＥＵ離脱という選択を行ったイギリス国民の投票行動に驚きました。なぜなら、それは全く予想外の出来事だったからです。直近の選挙結果の予測も当たらないのに、20年後、どこの国が覇権を握っているかなど、予測できるはずもありません。

一つ象徴的な話をします。自動車が発明されるまでの間、個人移動のメジャーなモビリティーは馬であり、馬車でした。その後、蒸気機関が発明され、産業革命の波がモビリティーマーケットに来たとき、すべての研究者が今のような自動車の開発に凌ぎを削ったわけではありません。

当時の資料の中には「蒸気機関で走る馬型機械」の設計図が多数残っているそうです（1999年のアメリカ映画、「ワイルド・ワイルド・ウエスト」のイメージです）。

現代を生きている我々からすれば、機械仕掛けの馬車が町中を走っている図というのは想像しにくいですが、当時の人々からすれば最速の乗り物は馬だったので、それを機械化することは至って自然な発想だったと思います。

我々が生きている世界は唯一決められたレールを歩んでいるわけではなく、様々な可能性の中でのありうる一つの形に過ぎません。

そうすると、様々な最先端技術に必死で食らいつき、少し先の未来の可能性のいくつかをフォローしたとしても、人生100年時代のキャリアデザインにとってはあまり付加価値とはならないでしょう。大切なことは、大きな流れをつかむことです。そのために歴史と哲学を学ぶことが必要です。

2. 新しいことが起きているときほど歴史は繰り返される

キャリアの作り替えに必要な勉強、その最たるものの一つは「歴史」です。

歴史を学ぶ意義は2つありますが、一つは変わっていく時代の中でも変わらない人間の性質、人間社会のことわりを把握する、ということです。

歴史の勉強というと偉人の名前や年号を覚えるというイメージが先行しますが、そういった記号は歴史を学ぶ中で自然に記憶してしまうもので、それ自体に価値はあまりありません。それよりも、歴史を様々な視点で切り取り、その物語の中から我々が実際に自分のものとして使える教訓を掴みとることの方が重要です。

例えば、近年ブロックチェーン（仮想通貨の取引などに使用されているウェブ上の記録技術）や人工知能、遺伝子工学の目覚ましい発展が、ビジネス環境にとてつもないインパクトを起こそうとしています。このようなとき、起業家はどう振る舞うのが良いのでしょうか？　ゴールドラッシュ時代から得られる教訓を一つ紹介します。

１８４７年、当時まだメキシコ領だったアメリカ・カリフォルニア州、サクラメントのある農場で、突如、黄金が噴き出します。当時、この農場を経営していたのはジョン・サッターというドイツから移住してきた男性でした。故郷に家族と負債を残し、新天地アメリカ大陸に渡ったサッター氏は、警察権力はおろか、所有権という概念もまだ確立していないカリフォルニアで歴史の主人公になります。

歴史の主人公になった、と聞けば、たいていは成功した話と思うでしょう。しかし、サッター氏は残念ながらこの奇跡を前に上手く立ち回ることができなかったのです。

人間は、あまりにもスケールの大きな事態に直面すると思考停止します。サッター氏は金脈を発見してからもそれまで通り農場経営をしながら、日曜日に少しずつ金を掘り出すという生活を1年間続けました。

サッター氏が金脈を掘り当てた話は、徐々に従業員たちの間から外に漏れていきます。当時、地の果てと言われたカリフォルニアも、一年後には地球の裏側にまでニュースが伝わり、世界中からこの金脈めがけて一攫千金を狙う男たちが殺到したのです。そして瞬く間にサッター氏の農場は一攫千金を狙う男達によって蹂躙《じゅうりん》され、サッター氏は全財産を奪われ、子どもたちと共に逃げ出さざるを得なくなったのです（とはいえ、このゴールドラッシュによって財を成した人で、今も記録に残るほどの成功を収めた人はほとんどいないと言われています）。

さて、ここで問題です。このとき、サッター氏はどう立ち回ればよかったのでしょうか？　実は、よいお手本が2人います。

1人はサッター氏の農場に出入りしていた商人のサミュエル・ブラナン氏です。彼はいち早く金脈発見のニュースを知りますが、金を一緒に掘ることはせず、シャベルや桶やテントなど、金採掘に必要なグッズの買い占めに走ります。そしてあらかた買い占めたところで金脈発見のニュースを街中にふれて回りました。金を採掘したい男たち、俗に言うフォーティーナイナーズ（金発見の翌年、１８４9年に一携千金を求めてカリフ

金脈の周辺に金脈あり！

ォルニアにやって来た人たち）は、ブラナン氏から道具を買うしかなかったため、結果的にブラナン氏は大金持ちになります。

もう1人は、リーバイ・ストラウス氏。皆さんもよく知っている、デニム素材のジーンズパンツを作ったリーバイスの創始者です。

彼は、フォーティーナイナーズ相手に、手荒い労働にも破れず、動きにも耐えられる頑丈なパンツ（ジーンズ）を開発しました。その後リーバイ・ストラウスは、作業着はもちろん、カジュアル・ファッションに欠かせないアイテムとして、100カ国以上でビジネスを展開。実際の金を掘り当てる以上の金脈を掘り当てることに成功するのです。

2人のエピソードは「金採掘にかかわった人はほとんど儲からずに、金を掘るのに必要な道具を独占提供した人（金採掘の周りで知恵を絞った人）が成功した」という教訓として今も語り継がれています。

例えばＩＴ革命という無法地帯の金脈が発見されたとき、数多のベンチャーがＩＴ技術によって様々なサービスを生み出しました。最も成功したのは、ＯＳというスコップにWindowsと名付けて提供した「マイクロソフト」と、ＣＰＵというジーンズを独占した「インテル」です。

新しいことが起きているように思えるときほど歴史は繰り返されています。ブロックチェーンや人工知能、遺伝子解析といった、金脈に向き合って新しいビジネスモデルを考えるとき、ここでのスコップは何か、ここでのジーンズは何なのか？を考えてみると、いろいろなアイデアが出てくるかもしれません。

歴史の勉強をしっかりしなければいけないと思い起こさせてくれるエピソードをもう一つ紹介しましょう。日本の女性経営者の話です。

イオングループの事実上の創業者である小嶋千鶴子は、戦後まもなく、政府が新円切り替えを行う直前、岡田屋にあった現金をかき集めてすべて商品に変えました。傍目からは大博打に見えたこの買い込みは、実は生涯「もっと勉強せなあかん」と言い続けてきた小嶋の面目躍如ともいえる場面でした。圧倒的な勉強家だった小嶋は、第一次世界大戦後に敗戦したドイツで何が起きたのかをあらかじめ勉強して把握しており、そこから敗戦で焼け野原となった日本においても、必ずハイパーインフレと新円切り替えが行われると見切り、全現金を放出して商品買い込みを決断したのです。その後のイオングループの隆盛は、みなさんご存じの通りです。

大きな時代の流れの中で、経営者はギリギリの判断をしなければいけないときが訪れます。その際に最後に頼りになるのが歴史の勉強に裏打ちされた教養です（歴史は必ず繰り返します。日本では2013年から、黒田日銀総裁のもとで異次元緩和といわれる金融緩和政策が行われていますが、この顛末がどうなるのか、これまでの世界中で行われた金融緩和の例を勉強し、しっかりと予測しておく必要があるでしょう）。

もちろん、歴史に裏打ちされた教養による判断が必要となるのは、経営者だけではありません。組織の中で生きる人間にとっても、自らのキャリアを形成するうえで歴史の中での組織と人の在り方について学ぶことは基本中の基本です。

例えば、組織人にとって、組織の暴走時における自身の身の振り方というのは永遠の課題です。このテーマについて格好の題材となるのは、第二次世界大戦で日本が敗戦に至る過程を学ぶことでしょう。

昭和16年、総理大臣直轄機関として設置された「総力戦研究所」に日本中のエリートが集められ、日米が戦争したらどのような結果になるのか精密なシミュレーションが行われました。その結果、実は日本必敗という結論が下されていたのです（このことはあまり知られていません）。では、精緻《せいち》にシミュレーションし、必敗の結論が導き出されていたにも拘わらず、なぜ日本は戦争につき進んだのでしょうか。それは、政府・軍部の意思決定者達の中に、「自分が日米戦争は負けるからやめようと言い出す役割をしたくない」という横並び意識と、「ここでアメリカの要求に屈してこれまで獲得したアジアの権益を手放すことは先人達に申し訳がたたない」という、ここまでの流れを大切にするという、二つの典型的日本人組織の思考パターンが蔓延していたからです。もちろん、中には、日米開戦に反対意見を述べた人もいましたが、そういう人たちの根拠を示した事実に基づく主張は、結論ありきの辻褄合わせの理屈の前では明確な理由なく退けられていきました。そして日米開戦に突入して4年後の昭和20年、総力戦研究所のシミュレーション通り、日本は敗戦したのです。

このような組織の暴走は、戦後も日本の様々な場面で見受けられました。しかし、失敗を教訓として十分に活かすことができていません。思い込みや希望的観測にとらわれず、事実に着目して常に根拠を示すこと。組織と自分を最後に守るのは、常にこの姿勢が必要なのですが、まだまだ日本人の中に浸透しているとは言い難いでしょう。

組織が破滅に向かって暴走しだした時こそどう動くべきか？　これは組織人として真価の問われる場面です。それぞれの登場人物について、自分ならどうするかを常に念頭に置きながらじっくり研究してください。

歴史を学ぶことで、人間の本性を無視した制度設計を行い、大失敗する可能性を減ら

せます。

例えば、人間についての理解なき制度設計の典型例として「鎌倉街道」があります。鎌倉時代、幕府は関東中の軍勢が有事の際、瞬時に鎌倉に集結できるよう「鎌倉街道」という立派な街道を整備しました。とにかく軍団の移動速度だけを考え、真っ白な地図の上に線を引くように街道を整備したのですが、現在では「鎌倉街道」は見事なまでにほとんど使われていません。

歴史的に形成されてきた道路にはそれなりの理由があります。「鎌倉街道」はそれを無視し、人為的に敷いたため、時代の風雪に耐えられなかったのです。

これは、組織の運営も全く同じです。その改革案がいかに合理的な案でも、そこにいる人間の営みや、その組織の歴史を踏まえて導入しなければ必ず失敗します。

歴史を学ぶことは人間そのものを学ぶことなのです。

3．歴史を学ぶことで、見えている世界が相対化できる

2つめの歴史を学ぶ意義。それは、歴史を学ぶことであらゆる物事を相対的に捉えることができる、ということです。

人間は、自分から見えている世界、自分が体験してきた世界、他人から「これが常識だ」と刷り込まれた世界を物差しとして考え、行動してしまいがちです。

しかし、世の中の変化がこれだけ早くなれば、「自分の常識をどこまで乗り越えられるか」「固定観念をどこまで壊していけるか」が第一線で活躍できる分かれ目になります。そして、この固定観念を壊すのに必要な力が「すべての物事を相対的に捉える力」で、この力を鍛えるのに最も適しているのが「歴史を勉強すること」なのです。

例えば仮想通貨については、「中央銀行のような管理者がいない仮想通貨は、法定通貨に取って代わることはあり得ない」という有識者が数多くいます。しかし、これも歴史の勉強を少しでもかじっていれば、かなり怪しいということが分かるでしょう。

なぜなら、お金の歴史を紐解くと、中央銀行による紙幣発行は200年弱の歴史しかないのに対し、お金そのものは日本書紀に記述があるほど古い歴史を持っているからです。海外に目を向けても、第二次大戦中、イタリア、イギリス、フランスが無計画に鋳造しても、エチオピアをはじめとしたアフリカ諸国では基軸通貨として流通し続けたマリア・テレジア銀貨という通貨があります。

普通、通貨といえば、それぞれの国家が信用を裏打ちしていることにより、人々が価値を感じるようになるのですが、マリア・テレジア銀貨はそうではありませんでした。と言うのも、そもそもの発行元であったオーストリア政府が、1935年、その鋳造権をイタリアに譲渡。イタリアはこの通貨が基軸通貨となっているアフリカ諸国に対し、影響力を持つことを防ぐため、マリア・テレジア銀貨をどんどん製造したのです。つまり、この時点でマリア・テレジア銀貨は特定の国家による管理に入っていない通貨になったのです。しかし、それでも第二次世界大戦が終わるまで、アフリカ諸国の基軸通貨としての地位を守り続けました。歴史上、国家の威信や裏付けがなくても、通貨として成立するものは存在していたのです。

このことからも、中央銀行が管理しない通貨は通貨足りえない、というのは思い込みにすぎないことがわかります(もちろん、仮想通貨の購入を勧めるものではありません)。

我々が勝手に自明のものとして思い込んでいる現行の法制度の一つに、「都道府県制度」があります。

現在、都道府県制度はかなりの制度疲労を起こしており、道州制の導入が叫ばれています。しかし、この都道府県制度も、明治維新の際、時代の要請によって47都道府県に改編されたものであり、それまでは「藩」が日本の地方自治を行っていました。時代の要請によって再び最適な地方自治の単位に編成されるということは、何の不思議もありません。

また、明治維新という歴史自体も、他国の歴史と比較することで相対化できます。

例えばフランス革命ではルイ16世が処刑されましたが、明治維新では徳川慶喜は処刑されていません。この違いはどこにあるのかを考えてみるのも面白いでしょう。また、我々は後知恵で、明治維新の成功が必然のものであったかのように思ってしまいがちですが、そうではありません。

例えば中国の清王朝末期には、明治維新を手本として時代の流れに沿った革新的な改革が光緒帝《こうしょてい》の下、「戊戌の変法運動」として行われましたが、守旧派に巻き返され、失敗に終わりました。歴史にｉｆはないと言われますが、様々な他国の事例と重ねてみることで、成功に終わった明治維新に至る流れが必然のものではなく、様々な不確実な要素が絡み合った結果、歴史的な政権交代を行うことができたことは理解できるはずです。このことは、時代の流れを読む力を培うことにつながるでしょう。

また、前章でも少し触れましたが、国家の興亡についても、歴史的視点から見れば、今現在興隆《こうりゅう》している国家がこの先も繁栄し続けることなどあり得ないことは明らかです。

世界の覇権国家の変遷を見れば、16世紀以降だけでもスペイン、オランダ、フランス、イギリス、アメリカと何度も入れ替わっています。史上最も長く繁栄したのはローマ帝国ですが、カエサルはローマの城壁を壊し「すべての道はローマに通じる」ようにしたことで、パクスロマーナと呼ばれるローマ帝国の興隆を築いたとされています。

現在、国境に壁を作ろうと躍起になるトランプ大統領のアメリカは、さらなる発展を遂げることができるでしょうか。

絶対的な力を持つ国家でさえ、栄枯盛衰は世の常です。今の支配的な企業やビジネスモデルが国家と同じようにいずれ衰亡の道を辿らないとも限りません。

歴史を学ぶことで、今、私たちから見えている世界を相対化することができるでしょう。

4．「哲学」が新たなパラダイムチェンジを呼び起こす

歴史の次に学ぶべきこと。それは哲学です。哲学というと、「人は何のために生きるのか」といった禅問答や、ソクラテスはこう言った、アリストテレスはこう言った、というような古代の哲人達の叡智を学ぶイメージが強く、ビジネスにはあまり役に立たないと思う人もいるでしょう。

しかし、私は、これからのビジネスに最も重要な「固定観念を外す」という作業にとって最大の効果を発揮するのは「哲学」だと思っています。

とはいえ、固定観念を外すことはそう簡単ではありません。固定観念を外すためには、さまざまな発想に触れ、固定観念を外す思考訓練が必要です。哲学の歴史に興味を持てなかった人は、古今の哲人達の「思考のアクロバット」ともいうべき常識を覆す発想、思考の枠組み自体をひっくり返す哲学の力を体感してみると良いでしょう。

思考のアクロバットの典型例と言えば、2013年頃から再び注目され、大ヒットしているアドラー心理学がわかりやすいでしょう。

例えば、あなたが起業を予定していて、起業した後うまくやっていけるか不安に感じているとします。我々の固定観念では、現在の精神状態について、その原因を過去の出来事に求めてしまう（原因論）ため、「今まで新しいことに挑戦して失敗した経験が、今度の挑戦を不安に感じさせているのだろう」と解釈するのが普通でしょう。

しかし、アドラー心理学では、現在の精神状態について、その原因を過去の出来事に求めません。「今自分がそのような精神状態になっているのは、自分が持っている目的にかなうからだ」と考えます。先の例で言えば、起業したくないという自分がまずいて、その自分を正当化するために、不安という感情が引き起こされているのだ（目的論）と考えるのです。

このアドラー心理学の視点で自分の行動を分析し、なりたい自分をまず決めてから行動するようになると、目の前に立ちはだかる問題に対してのアプローチが全く変わります。何か問題があると、どうしてもその原因を探ってしまうのが人間ですが、その思考法を180度転換するアドラー心理学は、まさに思考のトレーニングとして最高の素材でしょう。

哲学の勉強をする、というと分厚くて難しい本を読まなければいけないようなイメージを持ってしまいがちですが、そんなことはありません。抽象的な哲学議論が苦手な方は、文学の領域から哲学に触れていくのが良いでしょう。例えば1998年のアメリカ映画『トゥルーマンショー』を見て、今の自分の暮らしている世界がすべて作り物である可能性について議論しても良いですし、そのテーマをさらに掘り下げるのであれば、『マトリックス』シリーズを見て人間の脳内に仮想現実世界が作られ、その世界にバグ侵入とアップデートが繰り返されるという世界観に触れてみるのも良いでしょう。

ハリウッド映画は、最先端の哲学的テーマを扱ったものが多く、映画を見て様々な識者による評論を読むだけでも十分思考力を鍛えることができます。もちろん、小説でも構いません。学校の教科書にも出てくる夏目漱石の『こころ』という作品は、読まれた方は多いでしょうが、実はこの作品に出てくる「先生」と「私」は、自分が同性愛者であることに葛藤を抱いており、作品のメインテーマは同性愛である、という有力な解釈があることを知っている人は多くないと思います。

名作といわれる映画、小説、歌詞や絵画には、必ずといっていいほど深い哲学的テーマが横たわっているものです。そういう解釈もあるのか！ と膝を叩く経験が思考の引き出しを作ります。ぜひ入りやすいところから少しずつ掘り下げていってみてください。固定観念を外すためのトレーニングとして学ぶ哲学は、すぐに効果の出るものではありません。しかし、コツコツと続けていれば、思考の引き出しの数は圧倒的に増え、どんな仕事についてもクリエイティブな発想ができるようになるでしょう。

ＡＩの台頭により、人間の存在価値が危ぶまれています。猛烈な勢いで進化を続ける

ＡＩは、過去の膨大なデータを分析して、人間よりも早く正確に答えを導き出します。答えのある問題について正解を導く力では、もはや人間はＡＩにかないません。そして、このＡＩが活躍する領域はどんどん広がってきています。例えばハリウッドの映画業界では、新作映画の脚本をＡＩに分析させ、ヒット確率をはじき出させており、その精度はベテランの映画プロデューサーが判定するよりも圧倒的に高いそうです。過去のヒット映画のデータを大量解析することで、ＡＩはどんな映画がヒットするのかを見極めることができるのです。今日が昨日の続きで、線路の枕木のように明日も続いていくのなら、過去のデータを大量解析して、最適解を求めるＡＩにあらゆる分野で人間は取って代わられてしまうでしょう。

しかし、ＡＩにも弱点があります。それは、過去のデータが利用できない劇的な変化（パラダイムチェンジ）が起きたとき、有効なデータが足りないために最適解を導き出すことができないのです。例えば広告についてのデータ分析をする際に、インターネットの出現前のデータをいくら解析しても、インターネット出現後の世界では役に立ちません。これは、はっきりとしたパラダイムチェンジが起きているからです。先ほどの映画の例で言えば、映画館で観客がその作品のシナリオをその場で投票することで、その後のシナリオが代わるシステムが導入されたらどうでしょう。そのシステム化でヒットする脚本は、これまでの脚本とは全く違うはずです。そうなるとＡＩによる過去データの分析によるヒット予測は意味をなさなくなります。

つまり、**これまでの延長ではない、パラダイムチェンジを起こし続けること。これこそが人間が存在意義を発揮しつづけるヒント**なのです。

ＡＩに追いつかれる前に、我々人間は変化し続けなければなりません。そして、その変化のための思考のヒントが詰まっているのが哲学なのです。

5．「学び方」を学ぶ

歴史、哲学と並び、常若のキャリアデザイン形成の中でできるだけ早く習得してほしいのは「学び方」です。

近年、ＩＴ技術の進化を背景に、技術者の不足が問題になり、「STEAM」（Science〈科学〉、Technology〈技術〉、Engineering〈工学〉、Arts〈芸術〉、Mathematics〈数学〉のそれぞれの頭文字から作られた造語）教育の価値が高まってきています。

しかし、これらの分野は、日進月歩で新たな研究が進んでいる分野であり、昨日までの常識が今日の常識として通じない世界です。

生半可に知識を得ることは、大怪我に繋がります。せっかく学ぶのであれば、自分の興味のある分野について生きた知識として実装できるまで、専門的な勉強を徹底的にすることが重要です。例えば法律の分野であれば、社会人向けの簡単な民法の解説本などに目を通しただけで法律の勉強をしたつもりになるのは、最も無意味、かつ危険です。民法の基本的な思考方法をマスターするだけでも最低300時間程度の学習が必要です。DIYで犬小屋を作れたからといって、家を作れるようにならないのと同じです。

そして、**どんな勉強でも良いので、専門的な勉強を一時的に集中して徹底的に行うことは、その内容のマスター以上に、「専門的勉強のやり方」を身につけるという意味において非常に価値があります。**

私は、京都大学の大学院で、法律の専門的勉強を徹底的に行いました。そこで学んだもので、その後、最も役に立ったと感じているのは、「**勉強した法的思考法**」よりも「**専門的勉強のやり方**」でした。

一つの研究テーマに向き合う際は、先行研究を調査、整理し、仮説を立てます。そして仲間とディスカッションしながら自分なりの暫定的な結論を導き出す過程を辿ります。この過程で「専門家としての思考プロセス」が養われていきました。そして、その分野のいくつかのテーマを「専門家としての思考プロセス」を養いながら研究していくことで、分野全体についての見取り図のようなものが頭の中に出来上がっていきます。

専門家は、議論をしているとき、相手が専門家なのか素人なのかがすぐにわかります。なぜなら、専門家は、意見の内容がどんなものであろうと「専門家としての思考プロセス」を身につけているからです。

これが理解できれば、自分の専門外の分野について軽々しく意見を述べることは避けるようになります。また、反対に、意見を述べるのであれば、その分野における「専門家としての思考プロセス」を身につけるくらいの勉強が必要だと気がつくでしょう。

例えば経営について、自分自身の経営体験を超えて体系的に話をするのであれば、フィリップ・コトラーのマーケティング・マネジメントのような、ある程度骨太の本に目を通し、最低限の「専門家としての思考プロセス」を身につけておくべきです。同様に、経営コンサルティングについても「専門家としての思考プロセス」を身につけた人に依頼すべきという認識が広がりつつあります。各分野における「専門家としての思考プロセス」の重要性は、今後どんどん高まっていくでしょう。

そしてもう一つ重要なこと。それは、**「専門家としての思考プロセス」の具体的な内容は各分野によって異なるものの、「専門家としての思考プロセスの学び方」は分野が変わってもあまり変わらない**ということです。一つの分野で「専門家としての思考プロセス」を身につけた人は、その習得方法を応用することで、他の分野においても「専門家としての思考プロセス」を比較的容易に身につけることができます。**100万人に1人の人材になるために、また、人生のうちに3回は仕事の方向性を変えなければならない人生100年時代を生き抜くために、この勉強方法だけはどうしても身につける必要があるのです。**

6．学びを昇華させる、質の高いさまざまな出会（合）い

本書の冒頭でも書きましたが、常若と言うのは「やり方」ではなく「在り方」です。**「勉強のやり方」というのは、個々のスタイルに合わせれば良いのですが、「勉強する在り方」については、常若であるべきです。つまり、自分の中の固定観念を常に新しいものに建て替えながら、それでも失われない精神性を大切にする必要があります。**

そして自分を建て替え続けるために必要なことは「出会（合）い」です。人間が変わっていくためにはたくさんの出会いが必要です。

人との出会い、出来事との出合い、本との出合い……。これらの出会いが自分にどれほどのインパクトを与えるのか。事前に予測することはできません。それには質の高い出会いを数多く作っていくほかありません。

質の高い出会いを作っていくにはポイントが2つあります。

一つは自分の中に葛藤を引き起こしてくれる出来事を大切にすることです。光が生み出す影、影を作り出している光、この両方に目を向けられるようになりましょう。

読書の場合だったら、単に蔵書を増やすのではなく、あなたの常識を揺さぶり、あなたの中に葛藤を引き起こし、普段のあなたが手を伸ばさないであろう本を選ぶことです。

一番良いのは、あなたが尊敬する人が影響を受けたという本を読むこと。そして薦め

られた本の中で興味が湧く本はもちろん、その本の何が面白いのだろう？　と思うような本を精読することです。むしろそういった本こそ、あなたの中に葛藤という成長の種を植えてくれるかもしれません。

そして、これは本に限りません。講演を聴く場合も、なぜこの講演がこんなに人気があるのだろう？　と思うような講演にこそ足を運んでください。

旅をする場合なら、観光名所の裏通りの生活はどうなっているのか、そこに暮らす人々は何を考えて生活をしているのか。常に表と裏の両面に意識を向けるようにしましょう。

物事には必ず表と裏があり、白と黒の間には広大な灰色の中間地帯が広がっています。だからこそ、自分の中の固定観念や絶対的になりそうなものを揺さぶってほしいのです。

「本を読む」「旅に出る」「人に会う」のどれか一つだけを行うのでは、世界の全体を捉えるのは難しいものです。象の全体を理解するためには、その足を触り、その鼻をなで、その肩に乗らなければなりません。常に「自分はきちんと象の全体を理解できているか」を問い続ける必要があります。

2つめは、常に主体性を持って学ぶ、ということです。「どんな場面でも可能な限りリーダーシップを発揮する」と言ってもいいでしょう。

例えば、高名な講師を呼んで話を聞くのと、その講師の本を読んだうえで自分が講師になってセミナーをするのとでは、学びの量は全く違います。

　あなたの周りに、他の人と比べて成長速度が格段に早い人はいませんか？　恐らくその人は、他の人よりもリーダーシップを発揮している場面が多いはずです。

　今太閤といわれた田中角栄は、史上最年少で大蔵大臣に就任した際、居並ぶ大蔵官僚を前にして「私が田中角栄だ。小学校高等科卒業である。諸君は日本中の秀才代表であり、財政金融の専門家ぞろいだ。私は素人だが、トゲの多い門松をたくさんくぐってきて、いささか仕事のコツを知っている。一緒に仕事をするには互いによく知り合うことが大切だ。われと思わん者は誰でも遠慮なく大臣室にきてほしい。何でも言ってくれ。上司の許可を得る必要はない。できることはやる。できないことはやらない。しかし、すべての責任はこの田中角栄が背負う。以上」とまさにリーダーシップあふれる大演説を行い、一気に総理大臣まで駆け上がっていきました。

　誤解のないように言うと、**リーダーシップはポジションについてくるものではなく、覚悟を持った人についてくるものです。自分がリーダーとして物事を進めていこうと思って動けば物事は動き出します。**そして、半年、1年という短い時間軸ではなく、3年5年という少し長い時間軸で見れば、リーダーシップを発揮する人のところにポジションは勝手についてきます。何も田中角栄のように演説がうまくなる必要はありません。

　昨今はコミュニケーション能力の重要性が叫ばれていますが、リーダーシップにとって、それは本質的な部分ではありません。

マハトマ・ガンジーの「塩の行進」をご存知でしょうか。

1920年代のインドでは、植民地から独立させるというイギリスの約束が反故にされたこともあり、独立運動が盛んでした。しかし、イギリス側も、インド人同士の宗教対立を利用しながら植民地状態を維持しようとします。そんな中、インドの若手運動家達の間に、インド人同士の不毛な争いはやめて、力を合わせて独立運動をしようという機運が高まってきます。そのリーダーに抜擢されたのがガンジーです。

ロンドンで弁護士資格をとり、南アフリカで人権運動家として寄与した功績に加え、厳格かつ寛容な人柄だったガンジーは、インド全体を巻き込む独立運動を統率するにふさわしい人物と思われていました。ところが、周囲の期待をよそに、ガンジーはなかなか首を縦にふりません。そして熟考の末「塩を作りましょう」と言い出したのです。

ガンジーを担ぎ出した若手のリーダー達は困惑します。当時、確かにイギリスによる塩の専売は問題でしたが、事はもはやイギリスの一政策の当否ではなく、インドが国として独立できるかどうかというところまで来ていたのですから。

しかし、ガンジーは頑なに「塩を作りましょう」と言い、海へ向かって行進を始めます。アフマダーバードからダーンディー海岸まで、386㎞に渡る塩の行進です。「あのガンジーが炎天下の中、塩を作るために海岸に向かって行進している」というニュースは、瞬く間にインド全体に轟き渡りました。

行進の列には次々とインドの独立を願う人たちが加わります。塩は、人間が生きていくうえで必要不可欠なものですが、海岸に行けば一般市民でも簡単に作れるものです。しかし、その塩さえも、当時のインドではインド人が作ったり売ったりすることが禁止され、イギリスから買わなければいけないという不平等がまかり通っていました。

ガンジーの386㎞の行進は、「こんな不平等な植民地政策がいつまでも続いていいのか」という思いをインド全体で共有するためのものだったのです。

ガンジーが海岸に到着し、一握りの塩を掴んだとき、後進の列は数千人にも膨れ上がっていたと言います。階級を超えてすべてのインド人の魂に訴えかけたこの塩の行進が転機となり、インドの独立運動は大英帝国でさえも押さえ込めない炎となりました。

この塩の行進は、究極のリーダーシップの形だと思います。ガンジーのリーダーシップが独立運動の中に最高の出会いを作ったと言っていいでしょう。

column

原体験からエキサイトポイントを探そう

本文では常若という在り方をキャリアデザインに当てはめて考察しました。

常に今の自分の殻を破りながら、新しい自分を作っていきながら、そこに宿る守るべき精神は守り続けていく……。常若のキャリア構築は、これからのキャリア論の主流になっていくでしょう。

とはいえ、個人個人のキャリア構築において守るべき精神性、言い換えると「仕事をしていく中で大切にしたいポイント」はどうしたら見つけられるでしょうか。

まずはこれまでの仕事を振り返って、一番嬉しかった瞬間や、充実していたと感じられる仕事、どんな仕事をしていたときにエキサイトしたのかを振り返ってください。答えはこれまでの歩みの中にあります。

また、学生時代にエキサイトしたこと（やらされたことではなく夢中になれたこと）を書き出し、あなたの原体験を探っても良いでしょう。そこからさらに幼少期、どんな遊びに夢中になっていたかを思い出すのも良い方法です。戦隊モノに夢中になっていた人もいれば、おとぎ話を全読破したという人もいるでしょう。

実は、幼少期の遊びの傾向は、その人のコアなエキサイトポイントを端的に示すものです。

心理カウンセリングの技法でトラウマの深因を探るために記憶を辿っていくことがありますが、負の記憶はもちろん、正の記憶にとってもこの方法は有効です。

個人のキャリア形成を考える際は、一度すべての前提条件を取り払ったうえで「真に自分を解放できる場面はどこなのか」「今までエキサイトできたのはどんなときなのか」を掘り下げてください。ここでのコツは、自分のエキサイトポイントを「名詞」ではなく「動詞」で把握することです。「ジャニーズが好き」「鉄道が好き」のような「名詞」ではなく、「ジャニーズのコンサートでメンバーと一緒に歌うのが好き」「鉄道の写真を撮るのが好き」といった「動詞」に注目することが大切です。それぞれの年代によって「名詞」は変わっても、「動詞」は変わらないことが多く、そこから自分のこれからのキャリアのヒントが見えてくるでしょう。

自分一人で行うのが難しい場合は、カウンセラーの手を借りるのも一つの手です。また、昨今は潜在意識を掘り起こすさまざまなワークショップも各地で開催されているので、そういったイベントにも足を運んで自分に合うものを探してみるのもいいでしょう。

一度しかない人生です。誰になんと言われようと、最もエキサイトできるキャリアを築いていきましょう。

おわりに

ここまで、「常若という在り方」をキーワードにして、組織論、マーケティング論、現代社会論、キャリアデザイン論を検討してきました。

昨今は何が何でも成長すればいいという風潮に歯止めがかかり、持続可能性が重視されるようになってきましたが、持続可能性を高めていくための原理についてはまだまだ研究が進んでいません。

その中で、伊勢神宮という日本最古の文化を支え続ける「常若」の原理は、我々が持続可能性を高めていく中で様々な示唆を与えてくれています。

平成が終わる間際の2019年3月22日、日米のプロ野球で活躍し、安打数4367本という不滅の大記録を打ち立てたイチロー選手が28年間の現役生活にピリオドを打ちました。私は、プロ野球入団時、ドラフト会議で4位指名に過ぎなかったイチロー選手が世界野球史に残る名選手にまで持続的に成長し続けた秘訣を一つあげるとすれば、「変わり続けたこと」だと思います。イチロー選手といえば『振り子打法』が有名ですが、実は、毎年毎年、体の変化や対戦相手の変化に合わせ、少しずつフォームを変え続けてきたことは意外と知られていません。2004年、メジャーリーグの年間最多安打記録を84年ぶりに更新したその翌年でさえ、フォームを変えているのです。イチロー選手の打ち立てた数々の金字塔は、まさに日本古来の常若の精神が世界を制した証でもあるのです。

結局のところ、本書で伝えたいことは「**変わらずに生き残り続けるためには、変わり続けなければならない**」ということです。

そして、変わり続けるためには、とにかく我々の頭の中に日々積もりゆく常識や思い込み、固定観念を排除し続ける必要があるのです。私は、手帳の中にいつも一枚の世界地図を入れています。この世界地図は、みなさんが思い描くメルカトル図法による世界地図ではなく、ピータースの世界地図といって、陸地の面積を正確に反映させた地図です（メルカトル図法は航海のための図法で、実は陸地の面積表示は不正確です）。

このピータースの世界地図を見ると、今まで自分がいかに固定観念に縛られていたかがよくわかります。メルカトル図法では、ヨーロッパと南米は同じような大きさに見えますが、ピータースの世界地図では、南米の面積が2倍以上あります。そして、際立つアフリカ大陸の大きさ。世界地図という、我々が小さいころから空気のように当たり前に触れているものでさえ、少し視点を変えるだけで全く違った見え方ができるのです（インターネットで「ピータースの世界地図」と検索すると、地図を見ることができます。

気になった方は一度見てみてくださいね）。

このピータースの世界地図は、常に自分の中の凝り固まった常識に思考が絡めとられてしまわないようにするための戒めの地図です。世界地図でさえ当たり前ではないのに、この変化の激しい世の中において絶対的なものなど何もない、と私は常に自分に言い聞かせています。

しかし、実は絶対的なものが一つだけあります。

それは、我々が今ここでもがきながら何とか今日も生きている、ということです。

そして、その中で、仲間と共に笑い合う喜び、守りたい大切な人への愛、親が子を思い、子が親を敬う慈しみ。我々の心の拠り所となり、幸福の源泉となる事柄は、急速に変化する時代の中でも実はほとんど変わったりはしません。

本文の中で、組織における人の大切さを嫌というほど強調したつもりですが、このことはいくら強調してもしすぎることはありません。

ビジネスがあって人があるのではありません。まず人がいて、ビジネスをする中で、そこにかかわる人たちと共に喜び、高め合い、幸せを分かち合っていく。

この本質からは一歩も離れるわけにはいきません。我々は、この普遍的な幸福の源泉を守るために、常若の精神で変わり続けなければならないのです。

この本は、マネジメントに悩まれている人やこれから起業する人を対象にしていますが、原稿を書く際は、私が経営する会社を支えてくれている仲間たち一人ひとりに語りかけるような気持ちで筆を進めました。

「今までにない仕事を創り出そう」「社会を動かしていくプレーヤー企業であり続けよう」と大それた号令ばかりをかける私に、不安を抱えながらも支え続けてくれる仲間に、今、私が経営者としてどういうことを考えているかを理解してもらえたら、こんなに嬉しいことはありません。

とはいえ、執筆する中で、自分自身の考えていることに対して最も理解を深めることができたのは、ほかならぬ自分自身でした。常若という思想を補助線にして、マネジメント全般について体系的に整理できたことは、想像していた以上に大きな収穫がありました。

出版に向けてコツコツとブログを書き溜める中で、たくさんの人から「ブログ楽しみにしているよ」という声をいただき、その応援のおかげで本も最後まで完成させることができました。散発的なテーマで書いていたブログを体系的に整え直す作業は、ほぼ全面改訂になってしまい、もはやブログを元にしている本といっていいのかはわかりませんが、この本は「まことコンサルティングのベンチャー企業のためのマーケティング研究ブログ」から出発しています。ブログは今後も細々と更新していく予定ですので、興味のある方はのぞいてみてください。

そして、私自身も、変わらずに生き残るために変わり続けていきます。

この本の原稿が完成したのを機に、10代の若者を中心に人気沸騰中の動画配信アプリ「TikTok」で配信をスタートさせました。

経営者が変わり続けること、挑戦し続けることをやめれば、組織の成長はそこで終わります。クライアントに対しても、常若の精神を説き続ける以上、私自身がその体現者であり続けたいと思っています。

この本の最後は、変わり続けることに疲れて歩みを止めようとしてしまうとき、いつも勇気をくれる言葉で終えたいと思います。

たった一人の思想から、たった一人の行動から世界を変えた、マハトマ・ガンジーの言葉です。

『あなたがすることのほとんどは無意味であるが、それでもしなくてはならない。そうしたことをするのは、世界を変えるためではなく、世界によって自分が変えられないようにするためである』

この本が単なるコンテンツではなく、作品になり得たとしたら、それはいつも献身的に支えてくれる妻の早苗と家族、そして家族のような仲間たちの絶え間ない愛情によるものです。ありがとう。

また、初めての単著で右も左もわからないうえにわがままばかり言う私を優しくサポートしてくれた出版社のみなさまと、高校生にしてプロ顔負けの挿絵を描き、堅苦しい内容の本をポップにしてくれた光成遥歌さんにも心から感謝します。

それにもかかわらず、本書に至らない点があるとすれば、その責めはすべて私個人の不明によるものですので、御容赦いただきたいと願います。

北村真一

参考文献

【第１章】
福岡伸一『生物と無生物のあいだ』（講談社）
福岡伸一、池田善昭『福岡伸一、西田哲学を読む』（明石書店）
【第２章】
ジム・コリンズ『ビジョナリー・カンパニー　時代を超える生存の原則』（日経ＢＰ社）
ジム・コリンズ『ビジョナリー・カンパニー　２　飛躍の法則』（日経ＢＰ社）
【第３章】
エリック・シュミット他『ハウ・グーグル・ワークス』（日本経済新聞出版社）
東海友和『イオンを創った女 評伝小嶋千鶴子』（プレジデント社）
高倉秀二『評伝 出光佐三　士魂商才の軌跡』（プレジデント社）
フレデリック・ラルー『ティール組織』（英治出版）
【第４章】
アレックス・オスターワルダー、イヴ・ピニュール他『ビジネスモデル・ジェネレーション』（翔泳社）
Ｍ．Ｅ．ポーター『競争の戦略』（ダイヤモンド社）
ゲイリー・ハメル『コア・コンピタンス経営 未来への競争戦略』（日本経済新聞出版社）
クレイトン・クリステンセン『イノベーションのジレンマ 増補改訂版』（翔泳社）
クレイトン・クリステンセン他『イノベーションのＤＮＡ破壊的イノベータの5つのスキル』（翔泳社）
チャールズ・Ａ・オライリー他『両利きの経営』（東洋経済新報社）
神田昌典『あなたの会社が９０日で儲かる！』（フォレスト出版）
ウォルター・アイザックソン『スティーブ・ジョブズ』（講談社）
ダグ・スティーブンス『小売再生 リアル店舗はメディアになる』（プレジデント社）
ティエン・ツォ『サブスクリプション』（ダイヤモンド社）
稲盛和夫『成功への情熱 ＰＡＳＳＩＯＮ』（ＰＨＰ研究所）
小倉昌男『経営学』（日経ＢＰ社）
松謙一『いのちの再建弁護士 会社と家族を生き返らせる』（角川書店）
エリック・リース『リーン・スタートアップ』（日経ＢＰ社）
森岡毅『マーケティングとは「組織革命」である。個人も会社も劇的に成長する森岡メソッド』（日経ＢＰ社）
楠本和矢『人と組織を効果的に動かすＫＰＩマネジメント』（すばる舎）
楠木建『ストーリーとしての競争戦略 優れた戦略の条件』（東洋経済新報社）
【第５章】
西野亮廣『革命のファンファーレ 現代のお金と広告』（幻冬舎）
鈴木康友『ガチンコ営業道』（日新報道）
グリーンズ『ソーシャルデザイン（アイデアインク）』（朝日出版社）
松尾匡『「はだかの王様」の経済学』（東洋経済新報社）
池上彰『池上彰の講義の時間 高校生からわかる「資本論」』（ホーム社）
内田樹、石川康宏『若者よ、マルクスを読もう（２０歳代の模索と情熱）』（かもがわ出版）
【第６章】
藤井保文、尾原和啓『アフターデジタル オフラインのない時代に生き残る』（日経ＢＰ）
ピーター・ティール『ゼロ・トゥ・ワン君はゼロから何を生み出せるか』（ＮＨＫ出版）
トーマス・フリードマン『フラット化する世界（上）』（日本経済新聞社）
ジャレド・ダイアモンド『銃・病原菌・鉄〈上巻〉1万３０００年にわたる人類史の謎』（草思社）
三田一郎『科学者はなぜ神を信じるのか コペルニクスからホーキングまで』（講談社）
玄侑宗久『現代語訳 般若心経』（筑摩書房）
【第８章】
ピーター・ドラッカー『プロフェッショナルの条件 いかに成果をあげ、成長するか』（ダイヤモンド社）
リンダ・グラットン、アンドリュー・スコット『ＬＩＦＥ ＳＨＩＦＴ（ライフ・シフト）１００年時代の人生戦略』（東洋経済新聞社）
野口悠紀雄『アメリカ型成功者の物語 ゴールドラッシュとシリコンバレー』（新潮社）
戸部良一他『失敗の本質 日本軍の組織論的研究』（中央公論新社）
猪瀬直樹「昭和１６年夏の敗戦」（中央公論新社）
塩野七生『ローマから日本が見える』（集英社）
岸見一郎他『嫌われる勇気 自己啓発の源流「アドラー」の教え』（ダイヤモンド社）
東浩紀『ゲンロン０ 観光客の哲学』（株式会社ゲンロン）
フィリップ・コトラー『コトラー＆ケラーのマーケティング・マネジメント 基本論第３版』（ピアソン・エデュケーション）
三品和弘『高収益事業の創り方（経営戦略の実戦（１））』（東洋経済新報社）
Ｃ・オットー・シャーマー『Ｕ理論［第二版］過去や偏見にとらわれず、本当に必要な「変化」を生み出す技術』（英治出版）

参考映画

【第８章】
黒澤明　『生きる』

北村真一（きたむら・しんいち）

大阪府茨木市出身。京都大学大学院修了。

弁護士法人まこと（大阪弁護士会） 代表弁護士。

多くの新規事業立ち上げ支援や倒産処理、事業承継業務にかかわるなか、生々しい企業の浮き沈みを目の当たりにする。「弁護士は法律のアドバイスだけではなく、法的観点を踏まえてビジネス全体のコンサルティングをすべき」という信念のもと、いくつもの企業経営に携わる。

昨今の日本の経営指南本は、アメリカから輸入したマネジメント論を縦書きにしたものが大半という事実に疑問を抱き、日本でのビジネスにフィットするマネジメント論「常若のマネジメント」を提唱している。

現在、法律家として、関西の若手起業家を積極的に支援する傍ら、自らも「株式会社macoto.creative」を設立。おひとり様のための終活事業「finale：」が大阪トップランナー育成事業に認定されるなど、事業家としても快進撃を続けている。

BBC「勇さんのびわ湖カンパニー」出演中。

ブログ「ベンチャー企業のためのマーケティング研究」
（https://ameblo.jp/makotoconsulting/）を不定期更新中。

常若《とこわか》マネジメント
日本人《にっぽんじん》の日本人《にっぽんじん》による日本人《にっぽんじん》のための経営《けいえい》思想《しそう》

2019年10月24日　初版第1刷

著　者――――北村真一《きたむらしんいち》
発行人――――松崎義行
発　行――――みらいパブリッシング
〒166-0003 東京都杉並区高円寺南4-26-12 福丸ビル6F
TEL：03-5913-8611　FAX：03-5913-8011
企　画――――田中英子
編　集――――諸井和美
装　幀――――則武 弥（ペーパーバック）
イラスト―――光成遥歌（都立総合芸術高等学校美術科）
発　売――――星雲社
〒112-0005 東京都文京区水道1-3-30
TEL：03-3868-3275　FAX：03-3868-6588
印刷・製本――株式会社上野印刷所

ISBN978-4-434-26547-1 C0034